JN016936

|基本学習|

企業犯罪と経済刑法

松澤　伸　編著

岡部雅人
小野上真也
木崎峻輔
白石　賢
田山聡美
辻本淳史

商事法務

はしがき

現代社会は企業社会です。私たちは、企業活動と無関係に生活を送ることはできません。企業が提供する商品やサービスによって、私たちは、豊かな生活を送ることができます。

ただ、企業社会が発展すればするほど、企業の構造は複雑化し、それゆえに、さまざまな事件も起こってきます。不正アクセス、悪質商法、汚職、粉飾決算、インサイダー取引など、企業犯罪と呼ばれる不祥事が、しばしば世間の耳目を集めることになります。そして、私たちは、こういった企業犯罪についての報道に接することになるわけですが、意外とその実情については、知らないことが多いようです。

そこで、こうした企業犯罪と経済刑法について、大学・仕事の休憩時間や、通学・通勤途中の電車でも気楽に読める本にする、というコンセプトのもと、事例や図表を用いて、わかりやすく解説したテキストを作ることにしました。

この本を読めば、企業犯罪と経済刑法について、基本的な事項が理解できます。企業犯罪がどうやって発生するか、どうすればそういった事態を避けることができるか、もし企業犯罪が発生したらどうなるのか、丁寧に書かれています。経済刑法を学ぶ学生の皆さんはもちろん、コンプライアンス・危機管理にかかわる企業の担当者の皆さん、企業活動に直接かかわるビジネスパーソンの皆さんにとっても、最適な入門書になっています。この本が、多くの方々に広く利用されることを願っています。

共著者の先生方には、お忙しい中、充実した論稿を書いていただきました。原稿を持ち寄って行った検討会では、内容について忌憚ない議論を交わし、また、本書をよくするためのアイデアもいろいろと出していただきました。特に、国士舘大学の岡部雅人教授には、事務局もご担当いただき、執筆者間の連絡や、校正にかかわる仕事を、一手に引き受けてもらいました。また、出版社を通じて紹介していただいた企業の法務担当者の方々は、実務とのかかわりにおいて有益な示唆を与えて下さいました。株式会社商事法務の浅沼亨さん、吉野祥子さん、公益社団法人商事法務研究会の岩佐智樹さんには、本書の企画段階から熱心な励ましをいただき、レイアウトや図版の作成等においても、大変お世話になりました。

これらの皆さんに、心よりの感謝を申し上げたいと思います。

2023年　中秋

松澤　伸

Contents

編著者・執筆者一覧

●編著者

松澤　　伸（まつざわ・しん）　早稲田大学法学部教授

●執筆者（五十音順）

岡部　雅人（おかべ・まさと）　国士舘大学法学部教授

小野上真也（おのがみ・しんや）　東洋大学法学部教授

木崎　峻輔（きざき・しゅんすけ）　中央学院大学法学部准教授

白石　　賢（しらいし・けん）　東京都立大学都市環境学部教授

田山　聡美（たやま・さとみ）　早稲田大学法学部教授

辻本　淳史（つじもと・あつし）　富山大学経済学部准教授

CHAPTER 1

企業犯罪・経済刑法入門

▶企業活動と犯罪

本書では、これから、企業活動と犯罪の関係について考察していきます。

企業活動は、社会にとって不可欠な活動であり、これが健全な形で行われることは、社会にとって、非常に重要なことです。企業は、その活動によって社会に製品やサービスを提供し、顧客に喜びを与えるとともに、ひいては社会に貢献し、利益を還元していく存在です。できれば、企業で働く人も、企業を経営する人も、犯罪とは無縁でありたいものです。ただ、企業活動というのは、利益を上げる必要があるわけですから、他の企業との競争や、企業内での競争など、いろいろな競争が絡んできますし、利益の配分が絡むと、どうしても、人には、より多くの利益を得たいという欲も出てきます。その競争や欲が暴走すれば、企業がさまざまな犯罪に巻き込まれる可能性があるということは否定できません。そこでは、企業犯罪の被害者になる可能性もあるでしょうし、逆に、他の企業や、顧客、あるいは企業とは直接関係のない一般の人々に、被害を与えてしまう可能性もあるでしょう。

本書は、こうした企業犯罪とはどのようなものかを明らかにし、これを避ける方法について、考えていこうとするものです。

ここで、本書が扱う**企業犯罪の意味**について、明確にしておきましょう。本書では、企業が起こす犯罪（企業外部に被害者がいる場合）と、企業内部で起こる犯罪（企業内部に被害者がいる場合）の両方を併せて、企業犯罪と呼ぶことにします。企業犯罪といった場合、もっぱら前者を中心に扱う場合もあります。企業犯罪は、企業という組織で生じる犯罪であることから、組織犯罪（典型的には反社会的勢力による犯罪）と似た面もあり、そこに特徴を見出して分析しようという考え方です。これには、それなりの理由はあるものの、本書では違った考え方を取りたいと思います。つまり、組織犯罪とは異なる視点で、企業犯罪をみる必要がある、ということです。その理由は、組織犯罪は、違法な目的を達成するために、組織ぐるみで犯罪を実行するものである一方、企業犯罪は、合法な目的を達成しようとするなかで、組織内で違法な行為が行われるものであり、両者は、かなり異なっているからです。

組織内での違法行為の大半は、社内評価・利益確保・目標の達成が目的であると考えられます。こうした行為をしてしまう人達の多くは、「会社のため」と考えています。こうした考えが、企業犯罪における罪悪感を軽減してしまう、あるいは、この程度であれば問題ないと合理化してしまうことがしばしばあります。しかし、実際には、それは「会社のため」にはなりません。そうした合理化が、実は、結局は、個々人の利益の追求になってしまっていることには、注意しなければならないでしょう。

▶ルール違反に対するペナルティ

企業活動というのは、ある意味では、ゲームに似ています。企業が競争力や収益力を発揮するには、しっかりと戦略を立て、方向性をつけ、正々堂々、伸び伸びとプレイする必要があります。そうやってこそ、企業が発展し、社会貢献していくことができます。ただ、その過程は、常に正面突破というわけにはいかないでしょう。ある時は強引に、ある時はしたたかに、競争相手となるチームを出し抜いていく必要があるかもしれません。しかし、ゲームにはルールがあります。企業活動は、ルールの枠内で行わなければなりません。そして、ルール違反には、厳しいペナルティが待っています。

ペナルティにはいろいろな種類があります。まず、民事における損害賠償があります。そして、過料、重加算税、課徴金などの行政制裁があります。さらに重大な違反には、罰金や没収・追徴という**刑事制裁（刑罰）**があります。

民事の損害賠償は、企業活動によって他人に与えた損害について、金銭で賠償し、回復していく制度です。「企業不祥事」という大きな括りでみれば、このような対応だけで済む場合もあるでしょう。しかし、不祥事の内容が重大なものであれば、行政制裁・刑事制裁が問題となってきます。行政制裁と刑事制裁の違いについては、このあと説明するように、なかなか難しい問題が含まれています。

まずは、具体例で理解しておきましょう。前者には、過料・重加算税・課徴金などが含まれ、後者には、罰金・没収・追徴が（個人の犯罪行為が問題となる場合には拘禁刑も）含まれます。なお、本書では、行政制裁が問題となる場合と、刑事制裁が問題となる場合の両方について、特に後者に重点をおきながら、説明しています。

▶企業に対する刑事制裁

行政制裁と刑事制裁の違いは、理論的に考えると、難しい問題が出てきます。本書は、「企業犯罪」の問題を扱うことから、ここでは、特に、**刑罰とは何か**ということから考えていくことにしましょう。

さて、刑罰とは何でしょうか。一般的には、犯罪に対する制裁である、と言われています。では犯罪とは何でしょうか。これについては、刑罰が科せられる行為である、と言われています。しかし、これでは同語反復（いわゆるトートロジー）です。卵が先か鶏が先か、という問いにも似ているようにみえます。これでは、正解が出てきません。

では、問い方を変えましょう。刑罰によって、社会の構成員である我々は、何をしたいのでしょうか。それは、犯罪者に対して、我々は、あなたの行ったこと・あなたの行った行為によって生じたことは、社会から認められないぞ、というメッセージを伝達したい、ということになるでしょう。別の言い方をすれば、我々は、あなたのやったことを認めない、あなたのやったことを厳しく咎める、という言い方もできるでしょう。そういったメッセージが、刑罰という厳しい制裁によって、犯罪者に伝達される、ということになります。

これは、逆からみると、社会から認められない行為・厳しく咎められる行為が犯罪である、ということになります。犯罪とは、強い反応をもって社会からダメ出しされる行為、ということになるでしょう。その基盤には、社会からの「怒り」が存在しているのです。

P.F.ストローソンというイギリスの哲学者は、このような自然反応的な「怒り」を、「反応的態度」と呼びました。「反応的態度」は、人々の間に自然に湧き上がるものです。たとえば、自分の娘が困っている人を一生懸命に助けてあげたときには、自然と褒めてあげたくなります。立派な行為には、「賞賛」が起こるわけです。逆に、犯罪に対しては、「怒り」が起こるのです。

ここで「怒り」というとき、それは、単なる怒りではありません。ドイツの刑法学者F.フォン・リストは、「刑罰とは激情的な反作用である」と言いました。フランスの社会学者E.デュルケームは、「犯罪とは感情を逆撫でされるような行為である」と言いました。これほど強烈なダメ出しが向けられる行為が、刑罰を科せられる犯罪である、ということになります。

▶企業犯罪の立法

したがって、企業犯罪も、基本的には、こうした強い「怒り」が自然に生じる行為だ、ということができます。そうした行為については、刑罰によるコントロールが必要になります。そう考えると、自分がこれからやろうとしている企業活動について、他人がどう思うだろうか、と考えてみることは、危機管理にとって重要な視点といえるでしょう。

企業においては、企業社会独特のルールや習慣もあるし、そのルールを守ることが、企業活動というゲームを公平に進めることにとって重要な場合もあります。そのような場合、刑罰によってそのルールを強制する、という方法が思い浮かぶことは事実です。ルール違反について、犯罪として処罰しよう、という考えも起こるかもしれません。しかし、常にそうした方法を用いるというのは、望ましいことではないでしょう。「怒り」や「不承認」が向けられないようなレベルのルール違反については、刑罰を用いるのは望ましくないのです。その場合には、先に述べた行政制裁を活用することが考えられるべきです。そして、行政制裁が与えられる行為は、「怒り」や「不承認」が向けられるものではない、ということを確認する必要があります。なお、行政制裁については、制裁が加えられることについての予見可能性が低い、刑罰と併用された場合に二重処罰になるのではないかという問題がある等の指摘があります。

▶企業犯罪の予防

以上のように、企業犯罪に対しては、刑罰による対応が行われます。このような犯罪について定めた刑法の領域を、「経済刑法」と呼ぶことがあります。経済刑法は、法学部において、刑法関連科目として開講されていることが多く、学生は、企業活動において、どのような行為が犯罪となり、どのような行為が犯罪とならないのか、を学びます。本書も、多くの場面で、企業犯罪が発生したのち、判例や実務において、どのような形で扱われるのか、企業犯罪の現在の姿を描き出しています。

しかし、同時に、企業犯罪は、予防されるに越したことはありません。ひとたび企業犯罪が起これば、大きく報道されることもあるし、仮にそのようなことがなくても、業界内での信頼が大きく損なわれることになります。いわば、企業のレピュテーションが大きく傷つくのであって、企業犯罪は予防することがきわめて重要になります。

そこでまず考えられるのは、一定の行為について刑罰が科せられることを予告することによって、企業関係者に対して警告し、犯罪の予防を図ろうという考え方です。この考え方は、「刑法」というシステムのベースとなっている考え方であり、そのこと自体は、否定できません。つまり、企業犯罪を統制するため、刑法は、犯罪を行おうとする意思を持った人に働きかけて、「犯罪を犯さないように行動せよ。もし違反すれば重大な刑罰があるぞ」と威嚇して、適法に行動することを命じるわけです。そして、それに違反した犯罪者には、厳しい刑罰によってのぞむことになります。

たしかに、刑法はこのようなシステムで動いているのですが、実は、こうした刑罰予告には、思ったほどの効果がないことも明らかになっています。こうした刑法の効果を、一般の人々を犯罪から遠ざけるという意味で、一般予防効果というのですが、実証的に調べてみると、刑罰には、そうした効果はあまり期待できないのです。その理由はいくつかありますが、たとえば、犯罪を犯す人は、自分が捕まると思ってはいないのです。特に、企業犯罪の場合は、そういった傾向が強いでしょう。捕まらないと思っている人に、刑罰による処罰を予告しても、あまり効果はないのです。

▶コンプライアンスの徹底

そこで、刑罰を科す以外の方法で、犯罪予防を図る必要が出てきます。それは、企業における危機管理であり、具体的には、**コンプライアンスの徹底**ということになります。

2000年代初頭、日本では、企業はコンプライアンス・プログラムを策定することが必要である、ということが言われました。コンプライアンスは、日本語では、「法令遵守」と訳されています。企業犯罪を防止するために、企業自身が守るべきルールを策定し、それをみずから実施することで、犯罪を予防しようとするわけです（私たちは、早稲田大学COEという研究チームにおいて、コンプライアンスをいかに活用して企業犯罪を防止するか、という問題意識から、本を編集したこともあります。この本は、本書と同じ商事法務から出版されています〔田口守一・甲斐克則・今井猛嘉・白石賢編著『企業犯罪とコンプライアンス・プログラム』2007年公刊〕。本書は、この研究の続編と位置付けることもできます)。

E. H.サザランドというアメリカの犯罪学者は、企業犯罪には、会社のなかでのある種の風土あるいは文化が影響しているという趣旨のことを述べています。たとえば、上司が不正な活動をしているところをみてしまい、自分もそれでいいんだ、と思って犯罪に手を染めてしまうというわけです。企業犯罪をなくすためには、そのような悪い風土・文化を廃絶することが重要になりますが、コンプライアンスの徹底により、このようなことが可能となります。

現在、2020年代においては、コンプライアンスは、すでに常識となってきています。逆に、コンプライアンスを重視することを重荷に感じている企業も増えてきていると思われます。SNS疲れが問題となっていますが、**コンプライアンス疲れ**が起こっているともいえます。つまり、多くの企業においては、違法行為による利益確保は認められない、そのようなことをしては企業として存続できない、という意識が一般的にはなってきている一方で、コンプライアンスに対する取組みに、いかにインセンティブを持たせるかが課題になってきているわけです。

ここでは、考え方を前向きに転換してみることが重要に思われます。コンプライアンスは、企業にとって武器にもなりうるものです。コンプライアンスに真剣に取り組んでいるクリーンな企業であることがアピールできれば、企業のレピュテーションを高めることが可能になるでしょう。つまり、コンプライアンスを徹底することで、将来的に、長期にわたって、企業犯罪を防止することができるようになると同時に、企業の評価を高め、収益や効率性を高めることにもつながります。

コンプライアンスを徹底することで、いま行おうとしている企業活動を進めるべきかストップするべきか、指針が得られることになります。これは、企業犯罪を予防することにとってきわめて重要なことであり、ひいては、行政罰や、民事でのトラブルも予防することにつながってきます。コンプライアンスは、あらゆる意味で重要であるということを、誰もが意識しておくべきでしょう。

▶危機管理と初動の重要性

それでも、もし企業犯罪が発生したら、どうすればよいでしょうか。コンプライアンスを徹底していれば、企業犯罪の多くは、抑え込むことができるでしょう。一般的には、多くの企業では、企業犯罪の未然の防止・再発防止に努め、**不祥事発生リスクを低くする**こと（同様なことが起こらないこと、仮に発生しても被害を最小限に抑えること）を重視しています。経営トップも、社内に対して、犯罪を犯してまで企業に貢献することはありえないという発信を常に行うようにしています。企業不祥事は発生させてはならない、まして企業犯罪となるようなことは絶対にあってはならないという決意を、多くの経営トップが、常に意識的に発信しているのが現状です。

しかし、どんなに注意していても、企業犯罪を「完璧に」抑止することは難しいでしょう。デュルケームは、「犯罪は社会にとって正常な現象である」、といいました。絶対に発生しない、という思い込みは、逆に、危機管理に大きな穴を作ってしまうことになります。

ここで重要なのは、企業犯罪に対する初動対応です。まず、仮に問題が起こったら、これに対して迅速に対応することが何よりも重要です。普段は、コンプライアンスを十分に意識していても、いったんことが起これば、組織を防衛しようという力が働いてしまうのも事実です。企業内部での防衛反応が働いてしまうと、隠蔽工作や、口裏合わせが行われる危険性があります。

隠蔽工作が始まると、それが別の犯罪を構成する可能性もあります。たとえば、証拠隠滅罪（刑法104条）です。メール削除やシュレッダーによる資料細断などがそれに当たりますが、かえってそれが証拠になってしまい、取り返しがつかなくなることもあります（ドラマ・半沢直樹でも、シュレッダーで細断した資料を再現する描写があったことを記憶されている方も多いと思います）。

このような事態をそのままにしていると、企業のレピュテーションが大きく傷つくことになります。企業犯罪の被害を拡大させないためには、早期に発見し、初動を間違えないようにすることは、非常に重要です。

▶まとめ――企業犯罪の加害者・被害者にならないために

企業犯罪は、組織のなかで気付かれないうちに静かに進行し、組織の論理や防衛本能によって、外部に明らかにならないまま、葬られていくこともあります。そのため、どうしても、犯人の罪悪感が希薄になるという特徴があります。会社のためにやったのだから仕方がない、という論理で、自分の行為を正当化してしまうのです。また、企業犯罪では、個人が被害者となる場合は、個人を対象とした詐欺事件などを除いて少ないため、その被害がみえにくいという特徴もあります。殺人や強盗には絶対に関わらないが、企業犯罪には関わってしまう、ということが起きる素地が存在しているわけです。

逆に、企業犯罪の被害者になってしまうことも考えられます。取引先の企業が犯罪に手を染めてしまうと、自社に影響が及びます。実際に、企業犯罪がもたらす被害は巨大なものがあります。大企業がそれに関わった場合には、被害額も莫大な額になることがしばしばです。大きな社会問題となって、これまで消費者に優れた商品やサービスを提供してきた企業が正常な業務を行うことができなくなれば、それを利用している国民にとっても、大きな損失となります。企業犯罪の被害者とならないためには、企業がしっかりとルールを守って運営されているか、社会に属する誰もが、厳しい目で見守る必要があります。

以上のように、企業犯罪は、誰にとっても身近なものです。正しい認識と知識を持ち、これを防止することは、社会にとって、非常に重要なことといえるでしょう。

〔松澤　伸〕

CHAPTER 2

企業の刑事責任

【CASE】

Ａ鉄道会社の管内には急カーブが多くあり、そこに列車が制限速度を超えて侵入してしまうと脱線・転覆してしまう危険があります。このためＡ鉄道会社は、X_1社長や安全部門を統括するX_2本部長らが参加する経営会議の決定により、危険性の高いカーブから順次安全装置を設置するなどの対策を講じていました。

そのような中、Ｂ運転士が運転する列車に遅延が生じるというトラブルがありました。Ｂ運転士は遅延を取り戻そうと危険な急カーブに制限速度を超過して侵入し、その結果、列車が脱線・転覆し多数の乗客が死傷する事故となってしまいました。事故当時、その急カーブには安全装置設置の計画は経営会議で決定されてはいましたが、設置はされていませんでした。Ａ鉄道会社の社長X_1、安全部門の本部長X_2、そしてＡ鉄道会社自体に責任は問えないのでしょうか？

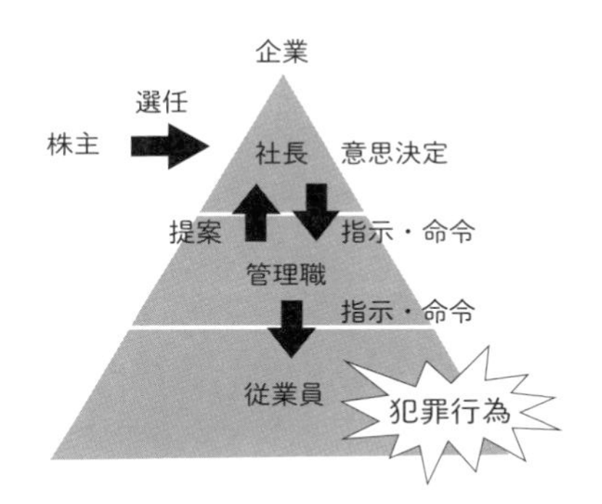

〔ここに注目！〕
多くの企業は社長をトップとして末端の従業員までがピラミッドのような形の組織を作り活動を行っています。そのようなピラミッド組織のなかで、従業員が企業活動に関連して何らかの犯罪となるような行為を行ってしまった場合、社長や組織としての企業にはどのような形で責任を問うことができるのでしょうか。刑事罰の基本にかかわる問題ですのでじっくり考えてみましょう。

解説

▶企業活動と刑法

私たちの生活は企業活動と大いに関係しています。【CASE】のような交通機関の事故以外にも、日々買う食料品、住んでいる住宅も企業を通して供給されていることが多いでしょうし、私たちは労働者として企業で働いていることも多いはずです。企業が供給する商品などに欠陥があったり、職場で労働災害が起これば、財産への損害や身体の安全が脅かされます。

ものを盗んで財産的損害を与えれば窃盗罪に、人を傷つけたりすれば傷害罪などになることはすぐ思い浮かぶと思います。このような、生命・身体・財産に対する典型的な犯罪は刑法に規定されています。また、刑法には、詐欺罪、横領罪、背任罪、贈収賄罪など企業活動に関係する犯罪も規定されています。

その刑法の罪についての条文は、殺人罪なら「人を殺した者は、死刑又は無期若しくは5年以上の懲役に処する」というように「～した者は」と書かれています。つまり刑法で犯人となるのはすべて“個人”で、企業活動に関係する犯罪であっても企業のような組織や法人が犯人になることはありません。これは刑法の刑罰の体系が人にしか科すことができない死刑や懲役刑が中心となっていることが理由としてあげられます。罰金があるじゃないかと思うでしょうが、刑法では罰金もそれを納められない場合には労役場に留置して労働作業で代替させることになっているので、やはり人にしか科すことができません。また、刑法の総則では“他の法令の罪に特別の規定がない限りは”刑法の刑罰の定めは他の法令の罪についても適用するとされています（刑法8条）。このため他の法令においても“原則”は**犯罪の主体は個人とされ、組織や法人は処罰の対象とならない**とされています。

▶企業活動のための組織と仕組み

企業では多くの従業員が労働者として働いています。その従業員が企業活動を行うなかで何らかの犯罪行為となるようなことをしてしまった場合、いったい誰が責任を負うのでしょうか。そのことをこれから考えていくことにしますが、その前に企業はどのような仕組みと組織でその活動を行っているのかをみておきましょう。

株式会社を考えてみます。株式会社は多くの株主が出資をしたお金で工場を建てたり、原材料を仕入れて経営を行うことになります。しかし、多くの株主が株主総会で集まって経営方針を話し合ったりすることは現実的ではありませんし、ましてや一般の株主は経営のプロばかりではありません。そのため株主は、株主総会で経営のプロを雇うことにして経営を彼らに任せます。その経営のプロである取締役などが社長として企業のトップに立って経営を行います。株主は企業の儲けからの配当などに関心を向けることになりますが、企業が儲からないなど経営者のやり方に不満があれば経営者を株主総会でクビにすることもできます。これが株主と社長などの経営者との関係です。

次に企業の組織です。従業員数があまり多くない小規模企業であれば、製造部門、営業部門などと機能別に組織をつくって社長がすべての部門の従業員に直接指示を出したり業務を監督したりできなくはありません。しかし、企業がある程度の規模を持ってくれば、社長がすべての従業員に直接指示を出したり業務を監督することはできなくなります。そのため社長の指示・命令を中間管理職を通じて末端の従業員まで伝えていくというピラミッド構造をつくって企業活動を行うことになります。ピラミッド型の組織は本部、部、課のように管理階層が重層化しています。社長は大きな方針を決めて各部門の本部長など少数の者にその方針を伝えれば、その大きな方針がより具体的な指示となってピラミッドの下の階層に末広がりに伝わっていきます。これにより大きな企業であっても統一的な指揮命令により運営ができるのです。その代わり社長は個々の従業員に指示をしたり監督をするといったことはなくなります。このため末端の現場で起きる問題などの情報が直接伝わってこなくなるというデメリットも出てきます。

▶企業活動上の業務上過失致死傷罪

このようなピラミッド型組織で運営されている株式会社の企業活動により人が死傷してしまった場合、いったい誰が責任を負うことになるのかを【CASE】に沿って具体的に考えてみることにしましょう。

【CASE】では実際に制限速度を超えた運転をして列車を転覆させ人を死傷させたのはB運転士でした。これは公共交通での運転ミスによる事故という特殊な例のように思えるかもしれません。しかし、ビルの建築現場で作業員が手を滑らせて建築資材を落として人を死傷させたら、それが大企業による建築工事であったとしても、その作業員に業務上過失致死傷罪が成立するであろうことは想像に難くないでしょう。公共交通での運転ミスであってもそれと何らかわりはありません。鉄道会社のＢ運転士にも同じように業務上過失致死傷罪が成立することは間違いないでしょう。

ここで少しだけその業務上過失致死傷罪の過失犯について説明をしておきます（詳しくはCHAPTER13参照）。過失犯の本質については、以前は、「結果が起きることを予見すべきなのに不注意で予見しなかったこと」だという考え方をとっていました（旧過失論：結果予見義務違反説）。しかし、自動車などが典型的ですが、世の中に新しい技術や機械が普及したため誰もが人を傷つけてしまう可能性がある社会となっています。たとえば、あなたが出勤時に自動車を運転しようとしたとします。そのとき、あなたは人身事故を起こさないと100%言い切れないはずです。このことは人身事故を起こすことを“予見できている”ことを意味します。それなのに自動車を運転して実際に人身事故を起こしてしまったら、それは「うっかりして人身事故を起こさないと思って（結果を予見すべきなのに予見せず）運転してしまった」ということにならないでしょうか。以前の過失犯の考え方だとあなたは過失犯となってしまいます。これでは自動車など少しでも危険な機械には触れられなくなってしまい生活が成り立たなくなってしまいます。

そこで現在では、過失犯の本質は結果を回避する義務に違反することだと考えるようになっています（新過失論：**結果回避義務違反説**）。列車の運転士の話に戻せば、列車の速度が時速70kmであればカーブを安全に曲がることができるとして制限速度時速70kmが定められている場所があるとしましょう。その場所で時速100kmで走行すれば事故が起きる可能性は高いと予見することができます。それなのにそのまま時速100kmで走行し死傷事故を起こしたら死傷結果を回避する義務を怠ったとされます。**予見可能性があり結果回避義務に反したこと**が過失犯成立のポイントになっています。【CASE】のＢ運転士の制限速度違反でのカーブ侵入行為はまさにこれにあたるのです。

▶管理・監督過失

【CASE】では事故が起きたカーブには事故当時安全装置が設置されていませんでしたが、もし安全装置が設置されていて電車が制限速度を超えてカーブに侵入したらブレーキが作動し事故が起きなかったとしたらどうでしょうか。社長X_1や本部長X_2は、カーブの危険性を予見したことで死傷結果を回避したといえるのではないでしょうか。逆にいえば、社長X_1や本部長X_2が、列車が急カーブに制限速度を超えて侵入してしまうと脱線・転覆してしまう危険がありそうだと予見していて（予見可能性の存在）、その危険を回避するための義務、たとえば、安全装置を設置する義務（**管理義務**）や運転士に対して安全運転教育をするなどの義務

（**指導・監督義務**）が彼らにあって、その義務を果たしていなければ（結果回避義務違反）、B運転士と同じように業務上過失致死傷罪が成立してもよいと考えられます。事故は**運転士の運転過失と社長らの管理・監督過失**という2つの業務上の過失致死傷罪が合わさり生じたと考えるのです。

▶社長などトップの責任追及の困難さ

しかし、企業の組織と仕組みのところでみたとおり社長は株主に雇われた者です。社長はオーナーでなければ何年かすると代わってしまいます。また、事故対策の計画などは中長期にわたって実施されることもあります。事故が起きた時や事故の原因となる計画の意思決定をした時にたまたま社長であったからといって、その人だけが処罰を受けたらよいというものではなさそうです。また、日本の企業の意思決定は、社長などのトップで決定されるよりも現場をよく知るピラミッド組織の中間管理職レベルで実質的に決定されるとも言われます。課長レベルが具体的な提案をし、それを部長や経営会議、取締役会が承認していくという形です。このような場合には、決済が何段階ものピラミッドの階層を経てなされるため、社長などのトップは事の本質について十分に理解できずに最終意思決定をしてしまっていることもありえます。さらに、最近の企業不祥事では「**企業風土**」「**組織文化**」に原因があるということもよく言われます。風土や文化といったものは、長年にわたって作られていき、そして誰が作ったのかもわからないような慣習やルール、空気感のようなものです。“いままでどおりでいいんじゃない”、“部長があぁ言っているんだから、現場としてもこのようにしないとまずいんじゃないか”といったように、必ずしも明確なルールや指示・命令によらずに物事が行われたりします。このようなことが原因となってトップの知らない現場などで不正行為がカビのようにはびこることがあるのです。

こうなると社長などのトップは現場の問題点や個々の従業員の不正行為などに対してどのように対処すればよいのか分からなくなってしまいます。企業が起こした事故に関しても、社長などのトップが本当に事故に対する確かな予見を持っていたのか、そして予見を前提とした回避義務があったのかについて疑問が出てしまい、過失犯として処罰することを躊躇せざるをえなくなります。

実際の【CASE】の事件では、X_2本部長は、事故が起きたカーブの脱線・転覆の危険性・問題点や安全装置の必要性について部下などから進言などを受けることもなく、義務違反を問うような予見可能性はなかったとされ、X_1社長にも業務上の注意義務はなかったとされ、いずれも無罪とされました。

▶会社への責任追及と犯罪能力

企業活動によって人の死傷という結果が生じた場合、遺族の方などは社長などのトップに刑罰を加え責任をとってほしいと思うでしょう。しかし、いまみたように、大企業のピラミッド組織ではそれを実現することは意外と難しそうなこともわかります。それでは他に何を望むでしょうか。同じような事件を再び引き起こさないようにして欲しいと考えるのではないでしょうか。そのためには企業の従業員に事件の重大さや社会的な責任といったものを自覚させ、企業風土の改善や業務改善に向けた体制整備をとらせることが重要となるでしょう。鉄道事業法や建設業法といったいわゆる**業法**といわれるものの多くには、所管大臣などが企業に対して**業務改善命令**などを行う規定が含まれています。また、その命令に違反すればさらに企業の**事業／営業停止命令**や**事業／営業**

許可の取消しがなされることもあります。これらはすべて企業に対して課される**行政処分**です。さらに、企業に対して行政処分だけではなく刑罰を科して欲しいと思うかもしれません。先に刑法は刑罰が人に科すことができるものを前提としているので、原則個人にしか科すことはできないと書きましたが、労役場のことを別にすれば、罰金なら企業にも科すことができるだろうということです。

ただ、そのことを考えるには、その前に企業が個人と同様に犯罪を犯す能力を持っているかを検討する必要があります。その点については、社長から末端の従業員の間で一体としてなされている企業の活動は、社会的にみれば企業の行為とみることができ、また、企業に刑罰を科すことで業務改善が図れるのであれば、企業にも刑罰の感銘力があると考えられることなどから**法人の犯罪能力は肯定**されています。

▶行政刑罰と両罰規定

そして、“原則”ということで前に触れましたが、刑法８条では、原則の例外として“他の法令の罪に特別の規定”があれば刑法の刑罰の定めはその法令に適用されなくなります。この例外によって刑罰を個人以外の企業（法人）にも科すことが可能となります（**処罰範囲拡張／法人処罰創設機能**）。たとえば、わが国では、労働基準・労働安全衛生や消防設備の設置、自動車の整備などに関して、政府が健康や安全に対する規制を定め、それを遵守するように企業の代表者などの個人に義務を課し、その義務違反（**行政上の義務違反**）に対する制裁として刑罰が用意されていることがあります。これは行政処分に対して**行政刑罰**といいます。企業活動にかかわる法律は、先ほどの「特別の規定」とされ、行政刑罰として**義務違反をした個人の他に法人にも刑罰を科す**ようにした規定を持っていることが多いのです。このような規定を**両罰規定**といいます。両罰規定は現在では、会社法、独占禁止法、金融商品取引法、法人税法、表示法関係、労働法関係など多くの法律で規定されるようになっています。

両罰規定は通常「法人の**代表者**又は法人若しくは人の代理人、使用人その他の**従業者**が、その**法人又は人の業務に関し、〜の行為をしたとき**は、**行為者を罰するほか、その法人又は人に対しても**、各本条の**罰金刑を科する**」と規定されています。たとえば、労働基準法では法定労働時間を超える労働は原則禁止されています。もし、その上限を超えるような違法な長時間労働を現場の課長らが命じていれば課長らに刑罰が科せられます。さらに、事業主である企業にも両罰規定で罰金刑を科すのです。個人の場合も起訴するかどうかは検察官が決めますが、両罰規定を適用して法人を起訴するかも検察官の判断によります。その判断は、労働基準法の例であれば、課長らの行為を企業も放置し違法労働が企業中に蔓延していたなど会社ぐるみの犯行かどうかといった悪質性、会社が受けた社会的制裁、会社としての反省ともいえる再発防止策の策定、会社を処罰することの社会的意味などが考慮されてなされると考えられます。

法人に科される罰金額の上限は、以前は個人に科される罰金額と同額でしたが、これでは大企業にとって制裁としてはほとんど意味をなしません。このため現在では法人に対する罰金額の上限は個人に比べ大幅に高く定められることが多くなっています（**法人重課**）。このように法人に高額な罰金刑が科されると企業の利益にはマイナスとなります。そのことは間接的に企業の所有者である株主の損害となります。犯罪のもととなった企業風土を作り上げたのが企業のトップの姿勢であれば、株主はそのトップを株主総会でクビにすることもできます。このように企業に両罰規定を通じて罰金刑を科すことは従業員のみならず代表者も含めたガバナンスを強める機能を持つことになります（**選任・監督義務創設機能**）。

また、独占禁止法などには、両罰規定で法人に罰金を科した上、さらに法人の代表者などを罰するという**三罰規定**も存在します。これは企業における監督者が違反行為の計画・実行などを知りながらその防止措置をとらなかったことに対する監督責任を問うためのものだとされています。

▶両罰規定の解釈論とコンプライアンス体制整備

両罰規定はガバナンス強化機能を持つと書きましたが、両罰規定がどのような論理構成で法人に刑罰を科すことにしているかをみてみると、先に触れた社長などトップの管理・監督過失とガバナンス強化、そしてコンプライアンス体制整備との関係が良く分かってくると思います。

法人自身に犯罪能力があるということはお話しました。企業は自分で直接犯罪を犯すことができるのですから、社長などの個人の場合と同様に、法人自身に、従業員が違反行為をしないようにするための管理・監督義務があり、その義務に違反したという過失があったとするのが両罰規定の解釈としては妥当となるでしょう（**過失責任説**）。そして最高裁判例では、法人などの事業主の過失は推定されるだけで、必要な注意をして管理・監督義務を果たしていたと反証できれば免責（**無過失免責**）されるとしています（**過失推定説**）[1]。無過失の免責が認められた判決はきわめて少ない

1　最大判昭和32・11・27刑集11巻12号3113頁、最判昭和40・3・26刑集19巻２号83頁

のですが、なくはありません。その判決では、法人が違反防止措置をしたというには、単に一般的に注意を警告するようなものでは足りず、その事業所の種類・事業運営の実状などに即した具体的かつ有効な違反防止措置が取られなければならないとしています[2]。

最近コンプライアンスという言葉をよく聞くことがあると思います。企業に求められるコンプライアンスとは、法令を含め倫理や社会的規範などに従って業務をすることだといえます。このコンプライアンスを実現するため、会社法では取締役（会）の義務として、法令などに従い適正に業務を行えるような体制を整えることを義務付けています（**内部統制構築義務**）。このように考えれば、法人の無過失免責との関係でも十分なコンプライアンス体制整備をしていれば法人は責任を逃れられるとも考えられなくはありませんし、実際そのような考え方も主張されています（**コンプライアンス・プログラムによる責任阻却論**）。

▶新しい法人処罰理論

会社法で内部統制構築義務を果たさなければならないのは、やはり個人としての取締役やその合議体である取締役会です。そのため両罰規定の法人の処罰の根拠を法人自身の管理・監督過失だとしても、その過失判断は法人の代表者個人の過失の有無に基づいて判断しなければなりません。そう考えると法人責任を認めているようにみえても、結局のところは法人の代表者個人、社長などトップの過失を問うているのではないかとなってしまいます。そして社長などトップの過失を問うのであれば、ピラミッド組織の企業では社長などのトップは内部統制の細かい規定のすべてを

2 高松高判昭和46・11・9判時660号102頁

理解しているのかや現場で蔓延していた違法行為を本当に知っていたのかといった問題に戻ってしまいます。そして両罰規定で法人を起訴するにあたって、検察官が会社ぐるみの犯行かどうかや再発防止策の策定というコンプライアンス体制整備の問題を考慮するのであれば、大企業では取締役会の義務として内部統制構築義務が課されているため一応のコンプライアンス体制整備はなされているので両罰規定の適用も難しくなってしまいます。

そこで新しい法人処罰の考え方として英米法の考え方を取り入れた提案があります。一つは、シニア・マネージャーなど法人の行為と同一視できるレベル以上の従業員が犯罪をすればそれはもう法人自身の犯罪と同一視してよいと考えるものです（**同一視理論**）。この理論は犯罪を犯す個人の意思決定に着目したものです。現代の組織はピラミッド型組織だけではなく職層を簡素化して組織の上位層が持つ権限を下位層に委譲して従業員の自立性や責任感を高めるフラット型組織も多くなっています。このようなフラット型組織ではこの同一視理論は妥当性を持ちやすいかもしれません。もう一つは経営会議での意思決定やピラミッド型組織による指示・命令といった企業構造を考えると、個人に着目するより組織体自体に着目すべきで、個人を介さず企業自体を処罰すればよいと考えるものです（**組織体モデル**）。個人か組織かは抑止対象にも関係しますが、組織形態が多様となっているなかでは、両方の考え方が必要かもしれません。

▶業務上過失致死傷罪への両罰規定の導入

また、【CASE】のような企業活動に伴う事故に対しては、刑法の業務上過失致死傷罪が社長や運転士ら個人に成立するかが検討されることになりますが、刑法は行政刑罰でないため業務上過失致死傷罪の両罰規定が存在しません。しかし、刑法の談合罪も独占禁止法上の不当な取引制限罪となれば両罰規定が存在します。また、「人の健康に係る公害犯罪の処罰に関する法律」（公害罪法）は、人の健康に係る公害防止という特別な目的のための法律ですが、業務上の過失によって工場などから有害物質を排出して生命・身体への危険を生じさせる行為を処罰し、その罪には両罰規定が定められています。これは業務上の過失で人を傷つける罪ですから業務上過失致死傷罪と似ています。企業活動に伴う事故が起きた場合に、社長などトップの管理・監督過失が問われる業務上過失致死傷罪事件が多くなるようであれば、今後、特別の立法により両罰規定、さらには三罰規定を創設するべきだとの意見も多く出てくるようになるかもしれません。

▶まとめ

企業は社会的な実態からみて、それ自体で犯罪を犯し責任をとることができます。その法的な仕組みとして実際に犯罪を犯した個人とともに法人を処罰する両罰規定という仕組みがあります。しかし、両罰規定も理論的に考えてみるとそれを科すことにはいろいろと難点があります。企業活動の拡大による犯罪処罰の必要と刑法理論の整合性は今後も検討の余地が多くありそうです。

〔白石　賢〕

CHAPTER 3

営業秘密の保護

【CASE】

人材派遣会社Aの正社員であるXは、日頃から残業が多いことに不満を持っており、できることならば、別の人材派遣会社に転職したいと考えていました。そうしたところ、令和3年3月頃、人材派遣会社Bの営業部長Cと知り合う機会があり、XとCは、すぐに意気投合しました。同年7月頃、Cの部下であるDが退職することになったため、Cは、Xを自分の部下として採用したいと考えるようになり、Xに対して事情を説明し、B社への転職を持ちかけました。Xは、その当時、A社の状況にますます不満を募らせていたため、すぐに承諾しました。Xは、B社転職後の自分の地位の優位性を保つため、何かB社に有利になる情報を持ち出そうと考えましたが、A社が保持する派遣労働者情報（氏名、住所、連絡先等が記載されたファイル）があったことを思い出し、同社のサーバーに、上司の机から勝手に持ち出したパスワードを使ってアクセスし、「**【マル秘】派遣労働者リスト【持出・複製厳禁】**」と書かれたファイルのデータを、自己のUSBメモリに転送する方法で複製しました。Xは、同年8月にA社を退職し、B社に転職しましたが、そのあとすぐ、同データをB社のコンピュータに転送し、同データを、派遣労働者の引き抜きを行うのに利用しました。Xの行為は、犯罪となるでしょうか？

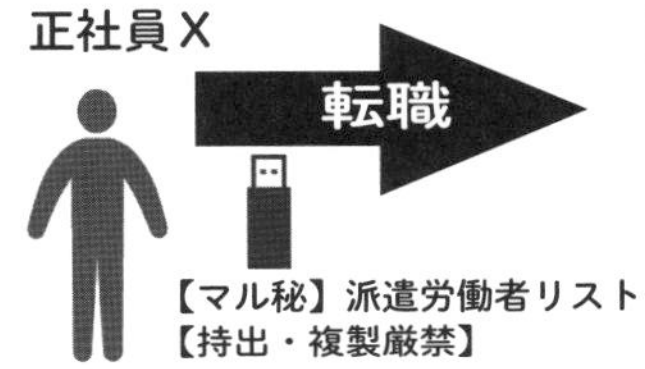

〔ここに注目！〕

どのような企業も、持ち出しを許されていない秘密情報を持っているものです。これらの情報を、「営業秘密」と呼ぶことがあります。営業秘密を持ち出すことは、普通に考えれば大問題ですが、ひどい場合には、「営業秘密侵害罪」という犯罪として処罰されることにもなります。では、犯罪となるような場合はどのような場合なのでしょうか。営業秘密の保護に関わる刑法の発展や、営業秘密侵害罪の現状をみながら、この問題について考えてみることにしましょう。

解説

▶秘密情報をめぐる国際的情勢

近年、企業や研究機関において発生する**秘密情報の漏洩**が、非常に重要な社会問題となってきています。秘密を保持する側にとっても、秘密を提供する側にとっても、秘密が漏洩することは、大きな被害をもたらすもので、容易に看過することはできない大問題です。

日本の企業や研究機関は、従来から、高度な技術情報を持っています。これらの秘密情報が、諸外国の情報収集活動の対象となっていることは一般に知られていることです。高度な技術情報を持っていれば、企業や研究機関の大小にかかわらず、また、合法・非合法を問わず、狙われる可能性がある、ということです。そして、近年のIT技術の発展により、情報のデジタル化が進み、これを持ち出すことは、以前に比べて遥かに容易になっています。たとえば、Eメールで転送したり、クラウドストレージに保存すれば、相当大きなデータでも、一瞬にして持ち出すことが可能です。接続ケーブルでスマートフォンやタブレットに転送することもできますし、Wi-Fiを使って直接転送すれば、接続ケーブルさえ不要でしょう。

高度な技術情報が流出すると、最悪の場合は大量破壊兵器の研究・開発に転用される可能性がありますし、そうでなくとも、日本の企業や研究機関における技術的優位性が失われることにもなります。そして、このことにより、流出元の企業や研究機関の信頼が著しく低下したり、ひいては日本全体の国際的競争力の低下にもつながりかねません。これを放置することによる経済的損失は、計り知れないものがあります。

▶秘密情報をめぐる国内の情勢

国内においても、高度な技術情報を持つ企業や研究機関は、常に狙われているといってよいでしょう。日本における営業秘密侵害罪の検挙件数は、近年、一貫して増加傾向にあります（なお、アメリカでは、特に、中国との関係で、営業秘密の侵害が大きな社会問題になっており、日本とは比較にならないほどの検挙件数があります。日本では、まだそこまでの状況になってはいませんが、今後、そういった状況になっていくことが予想されますし、その対応策を講じておく必要もあるでしょう）。そのような状況のもとで、企業や研究機関では、秘密情報をどのように守るかということが強く認識されるようになってきてはいます。しかし、同時に、前に述べた

IT技術の進化に伴って、秘密情報が侵害される危険性は、以前よりもはるかに高まっているのが現状です。

具体的にいえば、平成26（2014）年には検挙件数は11件でしたが、令和2（2020）年には、22件まで増加しています（なお、このうち、実際に起訴に至るのは3割程度であり、そのうち、情報の海外への持ち出しが問題となった事案は1割以下とされています。まだ状況はそれほどひどくないわけですが、それだけに、いま、対応することが必要になってきているといえます）。

▶秘密情報の保護とは

問題は、これをいかにして防ぐか、いかにして秘密情報を保護するか、にあります。秘密情報というと、通常は、技術情報を思い浮かべるでしょう。たとえば、企業で開発した新しい技術とか、新しいマーケットデザインといったものが思い浮かぶと思います。もちろん、これらは秘密情報に含まれますし、重要な情報です。しかし、実際の場面で問題となるのは、社員リストや顧客リストといった、個人に関する秘密情報である場合が多いのです（【CASE】では、あえて、一般的な事件として日夜起こっている、このような事例を取り上げています）。

ここ近年、かつての終身雇用制度や年功序列といった、日本らしいといわれてきた企業文化が少しずつ崩壊してきていますが、こうした社会情勢を反映し、人材の流動化が著しくなっています。より給料の高い、より労働条件のよい企業に転職したい、というのは多くのビジネスパーソンに共通した望みだと思われますが、転職時の優位性を高めるため、もといた企業の秘密情報を手土産に転職するといった例がみられるようになってきています。特に、【CASE】で問題となっている顧客リストは、その重要な例となっているのです。

なお、ここで問題となる情報は、“非公開の”情報であることに注意しましょう。この【CASE】で問題となってくるのは、公開されていない情報の漏洩があった場合にどのような処罰が待っているのか、ということであり、ここで問題となるのは、“営業秘密侵害罪”という犯罪です。

▶営業秘密侵害罪とは

営業秘密侵害罪は、比較的新しく作られた犯罪です。平成15（2003）年の不正競争防止法の改正によって導入され、数度の改正が行われて（その改正は、もっぱら法定刑の引き上げでした）、現在に至っています。

それ以前には、企業において保有している情報を社外に持ち出す行為については、刑法による処罰が行われてきました。昭和60（1985）年頃、いくつかの有名な判例が登場しています。たとえば、“**新薬産業スパイ事件**”と呼ばれる事件があります。この事件は、犯行当時、製薬会社の役員であったAとBが、国立予防衛生研究所の厚生技官Cと意思を通じて（共謀して）、Cが上司の専用戸棚に保管されていた新薬製造承認申請用ファイルを持ち出してBに手渡し、Bが製薬会社でコピーをとって同日中にCに返却した、という事件です。これについて、東京地裁は、Cが持ち出したファイルという紙媒体の価値だけではなく、紙媒体に化体した情報の価値に着目しつつ、窃盗罪の成立を認めました[1]。たしかに、このような場合は、紙媒体の社外への持ち出しであるから、窃盗罪の適用が可能です。しかし、現在は、紙媒体を持ち出さなくても情報の社外持ち出しが可能となってきています。情報を

1　東京地判昭和59・6・28判時1126号３頁

USBメモリにコピーすることもできるし、Eメールで送ることもできるでしょう。LINEや、FacebookのMessengerに貼り付けて送ることもできるでしょう。そうすると、"財物"に対する犯罪である窃盗罪（や、その他の刑法上の財産犯）では、情報の持ち出しを、処罰できないことになってしまいます。そこで、そういった事態を抑止するため、営業秘密侵害罪が作られたわけです。

▶営業秘密の概念

営業秘密侵害罪は、不正競争防止法の中に規定されています。つまり、情報一般を保護するものではなく、"営業秘密"を保護するものとして規定されているわけです。そこで重要なのは、"営業秘密"とはどのようなものをいうのか、ということになってきます。

不正競争防止法では、営業秘密は、「秘密として管理されている生産方法、販売方法その他の事業活動に有用な技術上又は営業上の情報であって、公然と知られていないもの」と定義されています（不正競争防止法2条6項）。秘密の内容となるのは、「生産方法、販売方法その他の事業活動に有用な技術上又は営業上の情報」ですので、**【CASE】**で問題となっている派遣労働者リストも、これに含まれることになります。

そして、この定義は、①秘密管理性、②有用性、③非公知性、の3つに分けて整理されています。順に説明しましょう。**①秘密管理性**とは、秘密として管理されていることをいいます。その保有者が、主観的に秘密にしておく意思を有しているだけではなく、従業員・外部者から、客観的に秘密として管理されていると認められる状態にあることが必要です。つまり、保有者の秘密管理意思が、保有者の実施する具体的な秘密管理措置によって示されており、その秘密管理意思に対して、従業員・外部者から、認識することができるようになっていることが必要です。

次に、②**有用性**とは、事業活動に有用な技術上の、または営業上の情報であることをいいます。ここでいう有用性とは、物やサービスの生産、販売、研究開発に役立つなど、事業活動にとって有用であることを意味しています。

最後に、③**非公知性**とは、公然と知られていないことをいいます。公然と知られていない状態とは、当該情報が刊行物に記載されていないといったように、保有者の管理下以外では、一般的に入手できない状態にあることを意味します。通常、合理的な努力の範囲内では入手できない状態を意味するといってよいでしょう。

▶営業秘密の３要件――どれが重要か

これらの３つは、営業秘密の３要件と呼ばれています。では、この３つのうちで、実際に、最も問題となるのはどの要件でしょうか。実務上最も問題となるのは、実は、①秘密管理性です。警視庁生活安全局は、企業関係者からの営業秘密侵害被害に関する相談窓口を設けていますが、その相談理由から、このことがみて取れます。ここ数年の統計をみると、相談理由につき、秘密管理性に問題がある場合は71件であり、全体の43.3％、有用性に問題がある場合は２件であり、全体の1.2％、非公知性に問題がある場合は５件であり、全体の3.0％でした（それ以外が38件で23.2％、対応のみの件が48件で29.3％）。こうみると、営業秘密の３要件のうち、秘密管理性が圧倒的に重要な問題となっていることがわかるでしょう。

【CASE】でも、秘密管理性が問題となってきます。【CASE】では、Xが持ち出したファイルは、A社のサーバーに保管されており、「【マル秘】派遣労働者リスト【持出・複製厳禁】」というタイトルが付けられ、さらにパスワードも設定されていました。このことは、A社が、このファイルを秘密情報であると認識し、適切なアクセス制限をかけていたことを示しています。このような場合には、秘密管理性は問題なく認められるでしょう。

逆に、たとえば、A社の派遣労働者情報が社員誰でも簡単にアクセスできる状態に置かれており、【マル秘】とか、【持出・複製厳禁】といった注意書きも書かれていなかった場合、Xの罪責は異なるでしょうか。この場合は、仮にA社がこの情報を秘密情報だと考えていたとしても、管理体制ができていなかったわけですから、秘密管理性に欠けるということになります（したがって、この場合は、Xには営業秘密侵害罪は成立しないということになります）。そして、現実の事件では、企業がきちんと秘密を管理していないため、このような状況となる場合が意外と多いのです。

▶営業秘密侵害の主観的要件――図利加害目的

営業秘密侵害罪が成立するには、犯罪行為者が、主観的に、特殊な意思を持っていたこと（特別の主観的要件）が必要とされています。つまり、「不正の利益を得る目的」または「営業秘密保有者に損害を加える目的」が必要とされています（これは、一般的に、図利加害目的といわれています）。

図利加害目的を要件とすることで、内部告発、研究目的、報道目的等での営業秘密の利用が除かれることになります。ただ、この目的は、比較的、内容が薄いものとして理解されていますので、目的がある場合がどのような場合であるかを考えるよりも、目的に当たらない場合を理解しておく方がよいでしょう。具体的には、次のようなものが挙げられています。①公益の実現を図る目的で内部告発する行為、②労働者の正当な権利の実現を図る目的で取得した保有者の営業秘密を労働組合内部に開示する行為、③残業目的で権限を有する上司の許可を得ずに営業秘密が記載された文書やUSBメモリを自宅に持ち帰る行為、などです。

【CASE】においては、Xは、自分の転職先で優位性を得るために、派遣労働者情報を持ち出し、さらに、転職先で、派遣労働者の引き抜きを行うために利用しています。この場合、Xには、図利加害目的があることは明白でしょう。

しかし、たとえば、もし、Xに転職の意思はなく、上司が派遣労働者の労働環境を全く配慮することなくブラック企業的に長時間労働をさせ、その記録を派遣労働者リストに残していることを突き止めたため、その証拠を得て、内部告発するためにファイルにアクセスしたといったような場合には、図利加害目的がないため、Xの行為は、犯罪を構成しないことになります。

▶営業秘密の侵害行為とは

営業秘密の侵害行為は、大きく分けて、①不正取得または領得、②開示、③使用です（不正競争防止法21条1項、2項、4項、5項）。

【CASE】では、Xは、派遣労働者情報を不正取得して、派遣労働者の引き抜きに使用しています。この場合、営業秘密侵害行為が行われていると評価できます。

なお、営業秘密侵害罪が成立するとなった場合、その刑罰は、通常の犯罪と比較しても、相当に重くなります。法定刑は、10年以下の懲役もしくは2000万円以下の罰金、またはこれを併科すると規定されています（不正競争防止法21条1項、2項）。さらに、国外への持出しに関わる場合は、10年以下の懲役もしくは3000万円以下の罰金、またはこれを併科すると規定されています（同条

4項、5項)。未遂犯は処罰され(同条6項)、事案によっては、刑法上の罪も成立します(同条12項)。同罪によって得た財産や報酬として得た財産は、没収されます(同条13項)。割りに合わない刑罰であるから、くれぐれもこのような行為をするべきではないでしょう。

▶営業秘密侵害をどうやって発見するか

営業秘密侵害から企業や研究機関を守るためには、まず、営業秘密の漏洩を速やかに発見する必要があります。情報の漏洩には、通常、その兆候があります。たとえば、**【CASE】**のような場合は、派遣労働者の引き抜きが行われているため、A社の派遣労働者が次々に退職するといったことが起きるでしょう。もちろん、退職はしばしば起きるでしょうけれども、これまでと大きく異なるような水準で退職が起きるような場合には、注意が必要になります。

技術情報が漏洩しているような場合は、たとえば、同業他社の製品の品質が、急に良くなったというようなことが起きるでしょう。これまでの取引先から、理由も告げられず急に取引を打ち切られるといったようなことも起こります。

両者に共通するものとしては、たとえばネット上で情報漏洩が噂になっているとか、Twitter(現「X」)などのSNSや匿名掲示板で、不審な情報が流れているといったことがあるでしょう。ネット社会が進展してきたことに伴い、自社の評判や噂話を確認しておくことも必要な時代となってきています。

このような兆候がみられたら、すぐに手を打つことが必要になります。

▶営業秘密侵害からどうやって企業を防衛するか

上述したように、営業秘密の３要件で最も問題含みなのが秘密管理性です。多くの企業や研究機関は、まだ営業秘密を守ろうとする意識が薄く、秘密管理が不十分であることが多いのです。そのため、実際に営業秘密侵害が起こった際に、明らかに侵害が起きているのに、**秘密として管理されていなかったために、営業秘密侵害罪で保護されなくなってしまう**場合があります。

これまで、日本の企業は、営業秘密が侵害された場合、自社の恥であると考え、これをできるだけ内部処理しようとする傾向が多かったといえます。特に、こうした秘密管理が徹底できていなかったことが理由であった場合には、恥と感じる企業関係者も多いでしょう。しかし、そのように考えるべきではありません。営業秘密侵害罪は、かつては、親告罪（被害者の告訴がなければ起訴できない犯罪）でしたが、その規定も削除されました。営業秘密の侵害は、社会全体にとっても、大きな経済的損失をもたらすことになります。自社だけの問題と考えることなく、適切な対策を施す必要があるのです。

たとえば、秘密情報へのアクセス制限の徹底、通常業務で常時使用するものであれば制限をかけることは難しいでしょうから、パスワードをしっかり管理すること、退職者にはメールやファイル情報をきちんと消去させること、採用者には過去に勤めていた会社からの情報を持ち込ませないことや、秘密保持の契約を最初の段階で行っておくことなどの対策が有効です。

▶まとめ

人材の流動化に伴い、情報も流動化してきています。情報は、コンピュータの中に存在し、物体として手に取ることができないだけに、その重要性も十分に理解されていないことが多いといえます。自社から持ち出しても構わないだろう、という安易な気持ちになってしまうことも十分に想像できます（【CASE】におけるXのように、それが転職後に役立ち、転職先の上司に気に入られ、自分の地位向上にも役立つと思えば、なおさら誘惑は強いものとなるでしょう）。ビジネスパーソンは、そういった行為が犯罪であることについて、きちんと理解することが必要ですし、企業を管理する立場にある者は、従業員にしっかり教育し、営業秘密を誰にもわかるように秘密として位置付けて明確化することが、非常に重要なことになるのです。

〔松澤　伸〕

CHAPTER 4

不正アクセス

【CASE】

製薬会社であるA社に事務員として務める派遣社員Xは、実はA社が開発している新薬の情報を盗み取るためにライバル企業のB社が送り込んだ産業スパイでした。A社に設置されたサーバーには、新薬開発に関する情報が保存されていましたが、この情報にアクセスできるのは、A社サーバーにアクセスするためのIDとパスワードを与えられた研究員だけでした。Xは、このA社サーバーにアクセスするためのIDとパスワードを取得するために研究員Yと親しくなり、開発部署に出入りするようになりました。その後、いつものようにXがYと歓談している際に、Yがわずかな時間席を外したので、このチャンスを逃さずにYの机の引き出しの中に保管されていたIDとパスワードが記載された書類をスマホのカメラで撮影し、YのIDとパスワードを取得しました。その後、XはYのIDとパスワードを用いてA社のサーバーにアクセスし、新薬開発に関するデータを取得し、そのデータを保存したUSBメモリをB社の社員に渡しました。そして、YのIDとパスワードを持っていれば、今後もA社のサーバーから有益な情報を取得できるだろうと考えて、YのIDとパスワードを撮影した写真を削除せず、自宅のパソコン内に保存しておきました。Xの行為は、犯罪として処罰されるでしょうか？

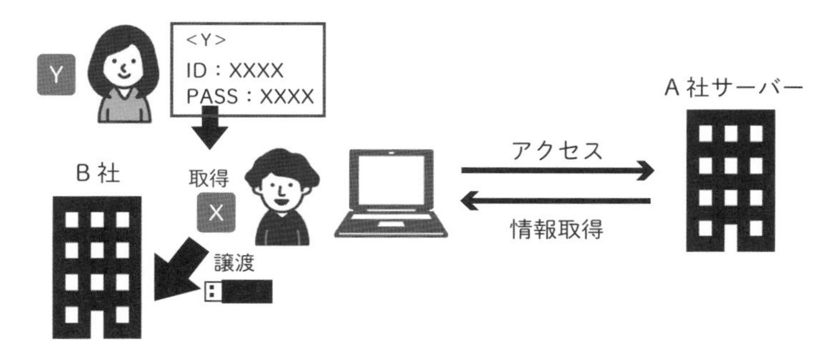

〔ここに注目！〕

現代社会では、企業活動はもちろん、買物、学習、娯楽、公的な手続きなどの生活の中のあらゆる活動がインターネットをはじめとするコンピュータネットワークを通じて行われており、私たちはもはやコンピュータネットワークなしには生活できない状況にあります。このような社会においては、コンピュータネットワーク上のサービスやシステムを利用するために必要なIDやパスワードを他人に知られないようにすることが必須であることはいうまでもありません。このことから、不正アクセス行為の禁止等に関する法律（不正アクセス禁止法）は、他人のIDとパスワードを不正に利用してログインする行為などの不正アクセス行為を禁止し（3条）、不正アクセス罪として処罰の対象にしています（11条）。このような行為を処罰する必要性は、現代社会のなかでインターネットを利用して生活していれば、誰でも理解することができるでしょう。それでは、この現代社会において必要不可欠な役割を有している不正アクセス禁止法の目的や、その具体的な内容について、詳しくみていきましょう。

解説

▶アクセス制御機能と識別符号

インターネットをはじめとするコンピュータネットワークには、

サービスやシステムのユーザーとそれを提供・管理する者の物理的な距離に関係なくやりとりができるという特徴があります。この場合の両者の間には、通常は面識がなく、お互い顔をみることもできません。このようなやりとりにおいては、やり取りの相手方が本当にサービスやシステムの正式な利用権限を持ったユーザーであるのかを確かめる手段が必要不可欠になります。

そして、その手段として広く一般的に使われているのが、サービスやシステムの管理者がユーザーに対してIDとパスワードを提供し、正しいIDとパスワードを入力した者を利用権限を有する正しいユーザーとして扱うという方法です。このように、正しいIDとパスワードの入力がなされた場合にのみコンピュータネットワークを通じたサービス等の利用を認めるという機能を**アクセス制御機能**といい（2条3項）、ここで提供されるIDとパスワードの組み合わせを**識別符号**といいます（2条2項）。もっとも、ここでいう識別符号は、文字列としてのパスワードに限定されず、指紋認証や生体認証が識別符号とされる場合もあります。この場合に、ユーザーにIDとパスワードを提供することで、コンピュータネットワークのアクセス制御機能を管理する立場にある者を**アクセス管理者**といいます（2条1項）。【CASE】においては、社内にサーバーを設置して、これを管理する立場にあるA社がこれにあたります。

▶アクセス制御機能の重要性

このアクセス制御機能が十分にその役割を果たすためには、アクセス管理者からIDとパスワードを提供された正式なユーザーだけがそのIDとパスワードを使用できる状態が保たれていることが必要です。

なぜなら、コンピュータネットワークを通じたやりとりにおいては、その相手方が本当に正しいサービスやシステムの利用権者であるのかを直接確かめることはできず、アクセス管理者が提供したIDとパスワードを正しく入力した者を正式なユーザーとして認めるしかないからです。つまり、コンピュータネットワークを通じたやり取りにおいては、他人への「なりすまし」が簡単にできてしまうのです。もしIDとパスワードが正式なユーザーではない者の手に渡ってしまった場合には、正式なユーザーではない者であっても、正しいIDとパスワードを入力することにより正式なユーザーとして扱われることになってしまいます。

▶ 不正アクセス行為がもたらす害悪

ところで、私たちの社会において、何らかの行為を犯罪として処罰するためには、その行為が法で守られた重要な利益（**法益**）を侵害するものであることが必要とされます。それでは、不正アクセス禁止法により犯罪として処罰される不正アクセス行為は、どのような利益を害するものなのでしょうか。

正式なユーザーに提供されたIDとパスワードが正式なユーザーではない者の手に渡ってしまった状況では、コンピュータネットワーク上のやり取りにおける「なりすまし」を悪用したさまざまなトラブルが多発することになります。たとえば、インターネット上のサービスを利用権限のない者が勝手に利用したり、身に覚えのない取引行為が自分が行ったものとして扱われ、本来は負う必要のない責任を負うことになってしまうことも発生するでしょう。また、**【CASE】**のように、特定の立場にある者しか触れることができない企業秘密を外部の者に知られてしまうことにもなるでしょう。さらには、やり取りの相手方が本当は誰なのかわからないという匿名性を悪用して、薬物や銃器の取引、詐欺、誹謗中傷といった犯罪や違法行為が蔓延することにもなるでしょう。

このような状況になってしまっては、「コンピュータネットワークを通じたやり取りは危険だ」という認識が社会に広まってしまい、多くの人はインターネットをはじめとするコンピュータネットワークを利用しようとは思わなくなってしまいます。そして、コンピュータネットワークの利用者が減少してしまうと、コンピュータネットワークで結ばれた高度情報通信社会の発達も妨げられることになってしまうでしょう。

▶ 不正アクセス禁止法の目的

このように、コンピュータネットワーク上のやり取りの相手方が本来の正式なユーザーであるということに対する社会全体の信頼が失われることを防ぐために、不正アクセス禁止法は、他人のIDとパスワードを不正に利用してログインする行為をはじめとする不正アクセス行為そのものを禁止して（３条)、犯罪行為として処罰の対象にしているのです（11条)。

不正アクセス行為による被害として、多くの人がまず第一に考えるのは、不正アクセス行為の被害者の個人情報や企業秘密が流出したり、通販サイトに登録してあるクレジットカードを勝手に使われて財産的な損害が生じるといったことだと思います。しかし、不正アクセス禁止法は、情報流出や財産的損害を生じさせる行為の前段階の、その手段としてなされる不正アクセス行為がなされただけで十分処罰に値するものとしています。つまり、不正アクセス行為による具体的な損害が現実に発生しなくても、不正アクセス行為それ自体によって、コンピュータネットワーク上のやりとりの安全性に対する信頼が害されてしまうことから、不正アクセス行為を禁止して処罰すべきとされているのです。

このことから、不正アクセス禁止法が守ろうとしている利益は、**コンピュータネットワークにおける識別符号によるアクセス制御機能に対する社会的信頼**という、社会全体の利益であるということができます。この点において、不正アクセス禁止法により禁止されている不正アクセス行為は、同法が処罰の対象としていない、ネットワークに接続されていないコンピュータを不正に操作して、内部に保存された情報を取得するなどの行為とは明確に異なることになります。なお、このアクセス制御機能に対する社会的信頼は、インターネットだけではなく、企業内LANネットワークなどの小規模なコンピュータネットワークでも求められます。このことから、企業の内部者による企業内サーバーへの不正アクセス行為も、不正アクセス罪で処罰されることになります。

▶ 不正アクセス行為①——不正ログイン

このような目的から犯罪として処罰される不正アクセス行為の典型が、他人のIDとパスワードを無断で入力してログインする**不正ログイン**です（2条4項1号）。【CASE】において、XがYのパスワードを使用してA社のサーバーにアクセスした行為がこれにあたります。コンピュータネットワーク上のサービス等を利用するために与えられたIDとパスワードは、アクセス管理者からそのIDとパスワードを与えられた正式なユーザーだけが使用できるものです。そうであるならば、正式なユーザーではない者が、何らかの手段で他人のIDとパスワードを利用してログインする行為は、IDとパスワードの入力によって正しいユーザーを識別するアクセス制御機能を潜脱するものであり、不正アクセス行為の典型ということができるでしょう。

▶ 不正アクセス行為②――セキュリティホール攻撃

しかし、不正アクセス行為として処罰されるのは、このような単純な行為ばかりではありません。コンピュータネットワークのアクセス制御機能を突破する通常の手段は、アクセス管理者から与えられたIDとパスワードを入力することですが、場合によっては、それ以外の方法でアクセス制御機能を突破できることもあります。たとえば、IDとパスワードの入力欄に、正しいIDとパスワードではない特定の文字列を入力することでログインできてしまうこともあるかもしれないし、コンピュータネットワークに対して特定の操作を行い、IDとパスワードを書き換えてしまうこともできるかもしれません。このような手段でアクセス制御機能が突破されてしまうのは、そのコンピュータネットワークに、正式な手段によらないログインを許してしまう弱点があるためです。このようなコンピュータネットワークの弱点を突いて、正しいIDとパスワードを入力せず特別な操作を行うなどの方法でログインする行為を、**セキュリティホール攻撃**といいます。このセキュリティホール攻撃も不正アクセス行為として扱われ（2条4項2号・3号)、不正アクセス罪として処罰されることになります。

不正アクセス行為のうち、不正ログインは何らかの手段でIDとパスワードを取得してしまえば誰でも簡単に行うことができます。しかし、セキュリティホール攻撃を行うには、コンピュータネットワークの弱点を突いてアクセス制御機能を突破する特別な操作を行うための専門的な知識や技術が必要になります。つまり、同じ不正アクセス行為であっても、セキュリティホール攻撃と不正ログインには、実行の難易度という点で大きな違いがあります。

▶識別符号の不正取得

このように、不正アクセス行為とされる行為のうち、不正ログインは、正しいIDとパスワードを取得すれば誰でも簡単にできてしまいます。そこで、不正アクセス禁止法の目的を十分に達成するためには、不正ログインそのものだけではなく、その前段階で不正ログインの準備としてなされる行為も防ぐ必要があります。

このことから、不正アクセス禁止法は、不正アクセス行為を行う目的で他人の識別符号、つまりIDとパスワードを取得する行為を禁止し（4条)、**不正取得罪**として処罰しています（12条１号)。**【CASE】**においては、XがYに与えられたIDとパスワードが記載された書類の写真を撮影した行為がこれにあたります。不正ログイン行為は、IDとパスワードを取得すれば誰でも容易にできてしまうことから、不正に他人のIDとパスワードを取得する行為は、それ自体に不正アクセス行為が行われる危険性を含んでいます。このように、不正アクセスを行う目的で他人のIDとパスワードを取得する行為は、それ自体に不正アクセス禁止法の目的に照らして防止しなければならない危険性を含んでいるので、不正アクセス禁止法は、このような行為を犯罪行為として処罰しているのです。

▶識別符号の保管

また、他人のIDとパスワードを、不正アクセス行為のために使用する目的で保管する行為も、やはり不正アクセス行為につながる危険性を有しているといえます。なぜなら、他人のIDとパスワードを使用して行う不正ログインは、他人のIDとパスワードを取得さえすれば誰でも容易に実行できるので、不正に取得されたIDとパスワードを保管している人間は、その気になればいつでも不正ログインを実行することができるからです。**【CASE】**のＸも、Ａ社サーバーにアクセスするためのIDとパスワードを手元に残している以上、その気になればいつでもＡ社のサーバーに不正ログインすることができます。

そこで、不正アクセス禁止法は、不正アクセス行為を行う目的で、不正に取得されたIDとパスワードを手元において保管する行為も禁止し（６条）、**不正保管罪**として処罰の対象としているのです（12条３号）。

▶ 他人の識別符号の提供

さらに、不正アクセス禁止法は、他人の不正アクセス行為を助長する行為として、業務その他の正当な理由がある場合を除いて、他人の識別符号、つまりIDとパスワードを第三者に提供することを禁止しています（５条）。このような行為は、**不正アクセス助長罪**（13条）として処罰されます。また、不正アクセス行為につながる危険性が特に高い、相手方が不正アクセス行為を行う目的を持っていることを知って提供する行為は、**知情提供罪**としてより重い刑で処罰されます（12条２号）。

不正アクセス禁止法が、他人のIDとパスワードを第三者に提供する行為を原則として禁止している理由も、他人のIDとパスワードの不正取得や保管を禁止している理由と同じです。不正アクセス行為のうち、不正ログインは、他人のIDとパスワードを知りさえすれば誰でも簡単にできてしまうので、他人のIDとパスワードを第三者に提供する行為も、それ自体が不正アクセスが行われる危険性を生じさせるものといえます。もし**【CASE】**のＸが、Ｂ社以外のＡ社の企業秘密を欲しがる者にＹのIDとパスワードを渡してしまったら、A社はさらに不正アクセスの被害を受けることになってしまいます。そこで、不正アクセス禁止法は、他人のIDとパスワードを第三者に提供する行為を原則として禁止し、犯罪行為として処罰の対象としているのです。

▶フィッシング行為

このように、不正アクセス禁止法は、不正アクセス行為そのもの以外にも、不正アクセス行為に繋がる危険を有している行為を禁止しています。そして、このような危険性を有する行為として、平成24（2012）年の法改正により、他人のIDとパスワードを取得するための手段である、いわゆる**フィッシング行為**と呼ばれる行為が禁止され（7条）、犯罪行為として処罰されることになりました（12条4号）。

フィッシング行為とは、ユーザーのIDとパスワードを管理する立場にあるアクセス管理者が公開したウェブサイトと誤認させる外観のウェブサイトを公開したり（7条1号）、アクセス管理者が送信したものと誤認させる電子メールを送信して（7条2号）、ユーザーにIDとパスワードの入力を要求する行為をいいます。たとえば、通販サイトのホームページとよく似た外観ですが、よくみるとアドレスバーに記載されたURLがおかしいサイトをみたことはないでしょうか。このようなサイトは、その外観を本物に似せてあることから、本物のサイトと思い込んでログインするためのIDとパスワードを入力してしまう人もいるかもしれません。そこで、このようなサイトを作成する行為は、不正アクセス禁止法7条1号のフィッシング行為にあたることになります。また、大手通販サイトやクレジットカード会社から送付されたような外観の、サービスの利用を継続するためにIDとパスワードの入力を求める電子メールを受け取ったことはありませんか。このようなメールを受け取った人の中には、そのメールが本物であると誤認して、IDとパスワードを入力してしまう人もいるかもしれません。そこで、このようなメールを送付する行為は、不正アクセス禁止法７条２号で禁止されているフィッシング行為にあたることになります。

フィッシング行為は、最初から他人を騙してIDとパスワードを不正に取得しようとする悪質な行為であることから、不正アクセス行為や不正アクセス行為を手段とする詐欺などの犯罪につながる危険性が非常に高いものといえます。このことから、不正アクセス禁止法は、フィッシング行為によって他人のIDとパスワードを取得できたか否かにかかわらず、このような行為そのものを禁止して、犯罪行為として処罰の対象にしているのです。

▶【CASE】の検討

まず、【CASE】のＸは、Ｙの机の引き出しの中の、Ａ社のサーバーにアクセスするためのIDとパスワードが記載された書類の写真を撮影することで、アクセス管理者であるＡ社が正式な利用権者であるＹに与えたIDとパスワードを取得しています。産業スパイであるＸは、ＹのIDとパスワードを使った不正アクセスの目的でこのような行為に出ているので、ＸはＹのIDとパスワードについての不正取得罪（12条１号）が成立します。

そして、ＸはＡ社開発部署の研究員ではないにもかかわらず、Ａ社の新薬開発データを取得するために不正に取得したＹのIDとパスワードを使ってＡ社のサーバーにログインしています。このような行為は、いわゆる不正ログインとされるものであり、不正アクセス罪（11条）が成立することになります。

さらに、YのIDとパスワードを撮影した写真を削除せずに、自宅のパソコンに保存していますが、Xは今後もYのIDとパスワードを利用してA社のサーバーにアクセスすることを考えているので、不正アクセスを行う目的でYのIDとパスワードを保管したといえます。そこで、Xには不正保管罪（12条3号）も成立します。

なお、Xには複数の犯罪が成立しますが、これらの犯罪はいずれもA社サーバーに対する不正アクセスのために行われたものであることから、別々に処罰されるのではなく全体として最も重い不正アクセス罪の法定刑、つまり3年以下の懲役または100万円以下の罰金で処罰されます。

▶まとめ

以上のように、不正アクセス禁止法は、現代社会においてはきわめて重要なコンピュータネットワークのアクセス制御機能に対する侵害を防ぐために、不正アクセス行為だけではなく、不正アクセス行為につながる危険性を有する行為を幅広く禁止し、犯罪行為として処罰の対象としています。現代社会は、もはやコンピュータネットワークなしには成り立たないものであることから、このコンピュータネットワークを通じたさまざまなやりとりが正しく行われるために必要不可欠な識別機能に対する侵害である不正アクセス行為を防ぐことは、現代社会において必須の要請であるといえます。その意味において、不正アクセス禁止法という法律は、現代社会を維持するために必要不可欠な役割を有しているといえるでしょう。

〔木崎峻輔〕

CHAPTER 5

悪質商法

【CASE❶】

Ａ社は、磁気治療器などを販売していましたが、代金を受領した後も商品は買主（オーナー）に渡さずＡ社が預かることとし、それを別の人に貸し出すことで得たレンタル料収入から、オーナーに対して年利６％の配当金を支払うという「レンタルオーナー制度」を展開していました。しかし、実際には、レンタル事業での収益はなく、新規顧客から得た金銭で配当を行うなど、資金繰りはひっ迫していました。

Ａ社のワンマン社長Ｘは、そのような事情を隠して、あたかも業績が好調であるかのように装い、安定した配当金が得られると騙して多数の買主から代金を受け取ることを続けました。その結果、Ａ社は巨額の負債をかかえて倒産することとなり、買主は配当金も預託商品の返還も受けられませんでした。Ｘはどのような罪に問われるでしょうか？

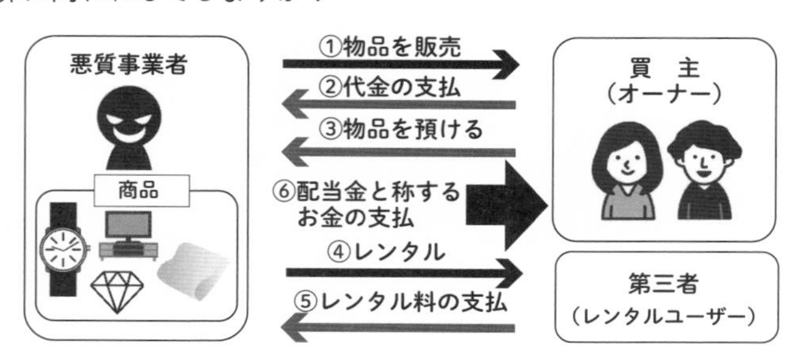

【CASE❷】

Ｂ社はインターネットでダイエットサプリメントの通信販売を展開していました。Ｂ社のサイトには、初回は「お試し価格」として非常に安い値段で購入できると書いてあったので、「それなら１回だけ」と思った消費者が次々と注文をしました。ところが、お目当ての商品が届いた際、次月以降も定期的に配達される旨の案内が同封されており、慌てた消費者がＢ社のサイトをよくみると、広告中の非常にみづらいところに小さな字で、「５回までは解約不能な定期購入」と書かれています。しかし、申込手続の最終確認画面には、１回目の料金と数量の記載しかなく、定期購入であることの表示は一切ありませんでした。

この場合、Ｂ社と、その営業を実質的に取り仕切っている社長Ｙには、どのような犯罪が成立するでしょうか？

〔ここに注目！〕

新しい形態のビジネスが次々と登場してくるなか、消費者を食い物にするような不誠実な商売をする企業も出てきます。悪質な商売から消費者を守るためにどのような法律が用意されているのでしょうか。商売を行う側の人間としてはもちろんのこと、一人の消費者としても知っておきたい内容です。詐欺罪を中心に、それ以外の規制についてもみてみましょう。

解説

▶販売預託取引

少子高齢化を受けて将来の年金に不安を抱える人が増える中、少しでも手持ちのお金を増やしたいという気持ちに付け込んだ悪質商法が後を絶ちません。「高配当」や「必ず儲かる」といったうたい文句で勧誘する利殖商法はさまざまありますが、その中に

「販売を伴う預託取引」といわれる形態のものがあります。1980年代に総額2000億円にも上る被害を出した**豊田商事事件**が有名ですが、その後も安愚楽牧場事件や、【CASE❶】のモデルとなっている**ジャパンライフ事件**などがその例です。

販売預託取引とは、消費者に一定の商品を販売するものの、商品を引き渡さずに預かり、その商品を運用することで利益を上げ、消費者に購入代金以上の利益を還元することをうたう商売です。原理的にはそのような商売も不可能ではありませんが、そういった「うまい話」は、全く実態を伴わない嘘の話であることも多くみられます。たとえば【CASE❶】の例でいうと、磁気治療器がそもそも購入者の数だけ存在しておらず、それをレンタルして収益を上げるという事業も行われていないということです。運用の実態がないということは、次々と新しい人を騙して購入代金を受け取り、それを先に購入した人への配当金に回すという自転車操業にならざるをえず、いつかは破綻することが目にみえています。

そのように、経営基盤が脆弱であるにもかかわらず、優良な運用実績を上げているかのように装い勧誘することは、明らかに客を騙していることになりますから、【CASE❶】において、そのような事業を展開したXには、当然、**詐欺罪**（刑法246条）が成立すると考える人が多いでしょう。詐欺罪が成立すれば、10年以下の懲役となる可能性が出てきます。実際、ジャパンライフ事件においても、元代表取締役会長は詐欺罪に問われています[1]。しかし、この手の販売預託取引がすべて詐欺罪になるか、というとそうではありません。詐欺罪という犯罪は、思いのほか成立が難しい犯罪なのです。

1　東京高判令和4・11・18裁判所ウェブサイト〔ジャパンライフ事件〕

▶詐欺罪の成立が難しい理由

詐欺罪が成立するためには、**騙す行為**があり、それによって被害者が**錯誤**に陥り、財産を**交付**するという流れが必要です。また、騙すにあたっては、被害者側が財産を交付するかどうかを判断するに際して、その**判断の基礎となる重要な事項**について騙す必要があります。つまり、被害者側が、真実を知っていれば絶対に契約をしなかったといえるレベルの重大な嘘が必要ということです。さらに、行為者側に、**詐欺罪の故意**（被害者を騙して財産を得る意図）も必要です。

ところが、**【CASE❶】**のような場合、買主は年６％という高い利率の配当金に興味があるのであって、それが支払ってもらえるのであれば、レンタル実績がどうであろうが関係ないという見方も可能です。もしそうであれば、たとえ内実が自転車操業であったとしても、新たな顧客を確保することによって配当金も約束どおりに支払うことができており、預託物について返還を求めた場合に返還可能性があるうちは、必ずしも買主が騙されているとはいえないことになるでしょう。少なくとも、そのような状況を継続できる可能性がある間は、Ｘ側に買主を騙す意図（詐欺罪の故意）があったことを立証するのはきわめて難しいといえます。

以上のような理由により、実際の事件においても、刑法上の詐欺罪で処罰されているのは、**経営破綻**が明確になったかなり遅い時期以降のケースにほぼ限られています。早い時期から取り締まることができた方が被害は抑制できるはずですが、詐欺罪を使うことができるのは、遅い時期のかなり悪質な部分だけに限定されているということは重要なポイントといえるでしょう。

さらに、刑法上の詐欺罪で処罰できるのは個人だけであって、会社自体を処罰することができない点も、詐欺罪の限界といえます。

▶預託法の新設と改正

ところで、詐欺罪で処罰できない場合を、そのまま放置しておいてよいものではありません。多くの被害を出した豊田商事事件をきっかけに、昭和61（1986）年に、販売預託取引に関して規制を行う**預託法**がつくられました。当初は、販売預託取引の対象とされる物品や権利について限定的に列挙する形をとっていましたが、次々と法の網をかいくぐる事件が後を絶たなかったため、ジャパンライフ事件の後、令和３（2021）年の改正によって、とうとう販売預託取引というものが**原則的に禁止**されることになりました。例外的に販売預託取引を行う場合には、厳格な手続に則り消費者庁が個別に確認をすることになっており、そのような手続を経ないで勧誘行為を行ったり売買契約を締結したりした場合には、その行為者は５年以下の懲役もしくは500万円以下の罰金、またはその併科となる可能性があり（預託法32条１号・２号）、さらに**両罰規定**（CHAPTER２参照）により会社に対しても５億円以下の罰金が科せられる可能性があります（同法38条１項１号）。

結局、**【CASE❶】**のような商売を行えば、経営破綻が明確になっている時期以降についてはＸに詐欺罪を適用することが可能であり、それが無理な場合でも預託法による処罰の対象となりうるでしょう。なお、**【CASE❶】**では、Ａ社は倒産して消滅してしまっていることを前提とすると、たとえ両罰規定があったとしても、Ａ社そのものを処罰することは難しそうです。

▶悪質な場合の「組織的詐欺罪」の適用可能性

すでに述べたように、詐欺罪の成立自体が非常に難しいのですが、一方で、組織的に行われた詐欺行為について、刑法典上の詐欺罪の2倍の重さ（1年以上20年以下の懲役）で処罰する規定も存在しています（組織的犯罪処罰法3条1項13号）。たとえば、会員制リゾートクラブの会員権販売を目的とする会社が、施設利用預託金を預託すれば元本以上の金額となって返済されると騙して、多くの人から預託金名目で金員を集めた事件について、その会社の実質的オーナーにつき、**組織的詐欺罪**が適用された例があります[2]。

もっとも、この規定が適用される「組織」としては、いわゆる暴力団のような**反社会的勢力**が典型と考えられていますが、必ずしも一般の企業が完全に排除されているわけではありません。**【CASE❶】**と類似の事例であっても、刑法上の単純な詐欺罪にとどまらず、さらに重い組織的詐欺罪で処罰される可能性が十分に存在するということになります。

組織的詐欺罪については、その「組織性」等をめぐって解釈上の争いがあり、現在のところ、組織的詐欺罪が適用される場合とされない場合の区別基準がいま一つ明確とは言い難い状況にあります。また、組織的詐欺罪にあたるとされた場合であっても、それにより処罰できるのは、その組織の中心となった個人であって、両罰規定とは異なり、組織そのものを処罰することはできません。

▶詐欺的な定期購入商法

次に、**【CASE❷】**をみてみましょう。このようなお試し価格に

2　最決平成27・9・15刑集69巻6号721頁〔岡本倶楽部事件〕

よる勧誘は、健康食品や化粧品などの販売でよくみられます。本当にその商品が良いかどうか、まずは試してみたいと思う消費者のニーズに応えている点では大変魅力的ですが、思わぬトラブルに発展する例も増えています。

【CASE❷】の場合、１回で解約できないとなると、２回目からの値段は高額となるため、最終的には想定外の料金を支払わねばならなくなります。【CASE❷】と似たような例として、「いつでも解約可能」という点を強調しながら、実は解約する場合には細かな条件が付いていて、なかなか解約させてもらえないといった事例も多く存在します。

近頃流行りの**サブスクリプションサービス**（略して「サブスク」）でも同じ問題が生じています。代表的なものとして音楽や動画の配信サービスがありますが、これは１か月や１年といった一定期間に定額を支払うことによって、その間、好きなだけサービスを利用できる（聞き放題、見放題）というしくみです。逆にいえば、サービスを一切利用しなかったとしても、定額を支払う必要があります。このようなサービスにつき、「３か月無料体験」などとうたって自動更新を含んだ契約をし、消費者が気づかぬうちに有料プランに移行している場合などがあります。

いずれも、細かい字の契約条項を隅々まで読めばどこかに書いてあるのですが、一般の消費者の目に留まらないようなわかりにくい形で表示されていることが多く、気づかずに契約をしてしまった消費者が「騙された」形になる例が多くみられます。

▶騙されているから詐欺罪か

そのように、消費者が騙されている点に着目すると、当然、詐欺罪で処罰したいと思うでしょう。しかし、【CASE❶】でも紹介したように、詐欺罪の成立には高いハードルがあります。

もちろん、代金を支払ったのに商品が来ないとか、全く異なる粗悪品が届いたといったような場合には、客を騙して代金を受領したとして詐欺罪で処罰できる可能性が高いでしょう。しかし、**【CASE❷】**の場合、商品はしっかり届いていますし、「5回までは解約不能な定期購入」である旨は、B社のサイトに小さい字ながら記載されています。「すべて約束どおりです」といわれると反論するのはなかなか困難であり、とりわけYが最初から意図的に客を騙すつもりだったと立証するのは難しい場合もあります。

そのように、必ずしも詐欺罪で取り締まれないとすると、**【CASE❶】**のときと同じように、刑法以外の法律に頼るしかありません。ではどのような法律がありうるでしょうか。

▶特定商取引法

このような場面で活躍する法律の一つとして、**特定商取引法**があります。これは、特に事業者と消費者との間でトラブルを生じやすい取引類型について、公正な取引のためのルールを定め、消費者の利益を守ることを目的とした法律です。現在は、訪問販売、通信販売、電話勧誘販売、連鎖販売取引、特定継続的役務提供、業務提供誘因販売取引、訪問購入といった7つの類型について規定がおかれています。いずれの場合も、そのような取引形態自体が違法というものではありませんが、その取引の特殊性から、消費者にとって危険な場合がありうるので、特別の規制をかけているものです。

たとえば、**訪問販売**というのは、事業者が消費者の自宅等に訪問して、商品の販売やサービスの提供をする契約を行うものです。これがなぜ特殊な規制に服するのかというと、一般の店舗販売に比べて消費者に主導権がないからです。店舗販売の場合は、消費者はあらかじめどの店に行くかを自分で決定し、そこにある商品のうちどれにするかも自由に選択できます。それに対して訪問販売は、事業者が不意打ち的にやってきて、類似商品と比較する暇も与えず、その場で意思決定を迫るという特徴があります。そこで、事業者側に**氏名等の明示**を義務付け、虚偽の説明や相手の意に沿わない**不当な勧誘を禁止**し、契約締結時には重要事項を記載した**書面の交付**を義務付けるほか、後で冷静に考えたときに「やっぱり解約したい」と思った消費者のために**クーリング・オフ**といわれる解約権を与えるなどして、消費者の保護を図る必要が出てくるのです。街頭で突然に呼び止める**キャッチセールス**や、別目的で呼び出したうえで商品販売を始める**アポイントメントセールス**なども、この訪問販売の範疇に入ります。

そのような規制に違反した場合には、各種の**行政処分**も予定されているほか、一部には罰則も設けられています。そこで処罰の対象とされている行為（たとえば書面の不交付）は、それだけでは必ずしも詐欺罪を成立させるほどの行為とはいえないものの、消費者を騙す行為に十分つながりうる危険な行為といえます。そのような意味では、詐欺罪の一歩手前の行為を**前倒しして処罰**しているものと考えることができます。

▶通信販売

【CASE❷】で扱っているインターネット経由の販売方法は、特定商取引法の7類型のうち**通信販売**の範疇に入ります。通信販売といえば、新聞や雑誌を利用したものもあるなかで、近時はインターネットを利用したものが急増しているため、インターネットならではの問題にも対応すべく各種の法改正が重ねられています。

ところで、通信販売は訪問販売と異なり、不意打ちの要素はありません。インターネット検索を利用して他社の製品と比較し吟味する時間は十分に与えられています。では何が問題なのでしょうか。通信販売の最大の特徴としては、消費者側の取得できる**情報が限られている**という点が挙げられます。通信販売では、商品を直接手にとることができないのはもちろん、疑問に思った点につき店員に質問することもできません。つまり、販売者側が用意する表示・広告の範囲でしか情報が得られないのです。そこで、**重要事項を表示**することを義務付け、**虚偽広告・誇大広告を禁止**するなどの規制が中心となってきます。

【CASE❷】のようなインターネットを利用した通信販売においては、**定期購入**などの重要な取引条件につき、申込手続の最終確認画面にて**表示をしない**か、あるいは**不実の表示**をした場合には、特定商取引法のなかでも最も重い処罰が予定されており、3年以下の懲役もしくは300万円以下の罰金、またはその併科となり（特定商取引法12条の6第1項、70条2号）、両罰規定により会社も1億円以下の罰金を科される可能性があります（同法74条1項2号）。**【CASE❷】**のB社とYは、この罪に該当するといえるでしょう。

また、不表示や不実の表示ではないものの、消費者を**誤認させるような表示**をした場合には、100万円以下の罰金となる可能性があります（特定商取引法12条の6第2項、72条1項4号）。たとえば、申込手続の最終確認画面に定期購入である旨の表示があったとしても、初回のお試し価格ばかりを目立つように表示し、それと離れたところに小さく定期購入などの条件を表示している場合、表示全体から受ける印象により総合的に判断し、消費者を誤認させるような表示であると認められれば処罰される可能性があります。

なお、特定商取引法は、特定の形態の取引が公正に行われることを主目的とした規制であり、その目的の範囲内で消費者を誤認させる表示等を禁止していますが、そのような特定の取引形態に限定することなく、不当表示そのものを取り締まるための法律として**景品表示法**という法律も存在します。同じく表示をめぐる規制であっても、それぞれ別の観点から複数の法律で規制していることになります（CHAPTER12）。

▶インターネットオークションへの出品

通信販売において販売業者が上記のような規制に服するとしても、一般消費者としては、自分はそのような規制によって守られる側であって、自分自身が処罰の対象となる可能性はないと考えてしまいがちです。しかし、油断できないのは、近時盛んになっている**インターネットオークション**への出品です。ちょっとした不用品を販売する程度の利用では、特定商取引法が適用される「販売業者」とはみなされませんが、一定程度の数や金額を超える出品となると、場合によっては規制対象となる場合がありますので注意が必要です。

▶まとめ

刑法典上の詐欺罪も、組織的詐欺罪も、懲役刑が予定されていることからわかるように、**個人にしか適用できない**という限界があります。世間を騒がせた重大事件であっても、詐欺罪に問うことができるのは、結局、主導的な役割を果たした上層部の何人かにとどまるのが通常です。それに対して、預託法や特定商取引法などでは、両罰規定により、**会社そのものに対して高額の罰金**を科すことが可能です。さらに、**詐欺罪の一歩手前の早い段階で規制**をかけ、被害を極力小さく抑えることも可能となります。

インターネットが広く普及した現在、消費生活における被害も瞬時に莫大なものとなる危険が存在しています。そのようななかで消費者を守るためには、少しでも危うい商売には早い段階でストップをかけることが合理的といえるでしょう。しかし、消費者保護のためであれば、罰則の強化と早期化を安易に推し進めてしまってよいわけではありません。インターネットを利用することにより小さな力で大きな商売を始めることも可能となった現在、新しい可能性を秘めたビジネスの芽を摘むことにならないような配慮もまた必要です。安易に重い刑罰を用意するのではなく、**民事的な差止**や**損害賠償請求**をしやすくするほか、**行政からの命令**など、より機動的で柔軟な手段によって対応することが求められる場合もあります。何より、一消費者としては、怪しい商売に引っかからないよう、より一層の注意深さが要求されているといえるでしょう。

〔田山聡美〕

CHAPTER 6

破産犯罪

【CASE❶】

A社は、格安旅行会社として多くの海外ツアーを手掛けていましたが、ある時期から経営状況が悪化し、可能な限りの融資を受けても立ち行かなくなり、多額の債務の返済が滞ってしまいました。債務額は150億円にものぼる一方、返済の可能性があるのは、わずかに数億円という状況でした。社長Xは、あらゆる手を尽くしましたが力及ばず、とうとうA社について破産申立てを行いました。

Xは、会社だけでなく自分個人についても破産申立てを行うことにしましたが、申立て直前に、会社の金庫に保管してあったX所有の1000万円を持ち出し自宅に隠しておきました。その後、破産手続において財産状況の説明を求められた際、その1000万円の存在を秘して、57万円しか残っていないと嘘の説明をしました。

この場合、Xが行った財産隠匿行為は犯罪になるでしょうか？

【CASE❷】

プラスチック製品の製造販売を行うB社は、原材料費の高騰を受けて経営が苦しくなり、複数の金融機関に加え、社長Yの友人Cからも借金をしました。しかし、事業の立て直しは成功せず、借金返済の目途が全く立たない状況となってしまいました。Yは、B社を存続させることは困難と考え、破産申立てを行うことに決めました。しかし、古くからの友人であるCにだけはどうしても迷惑をかけたくなかったので、Cからの借金の弁済期がまだ来ていないにもかかわらず、ありったけのお金を集めてCに返済しました。その直後、B社につき破産手続が開始されましたが、B社にはもう目ぼしい財産は何も残っていませんでした。

この場合、Cへ弁済した行為について、B社やYに犯罪が成立するでしょうか？

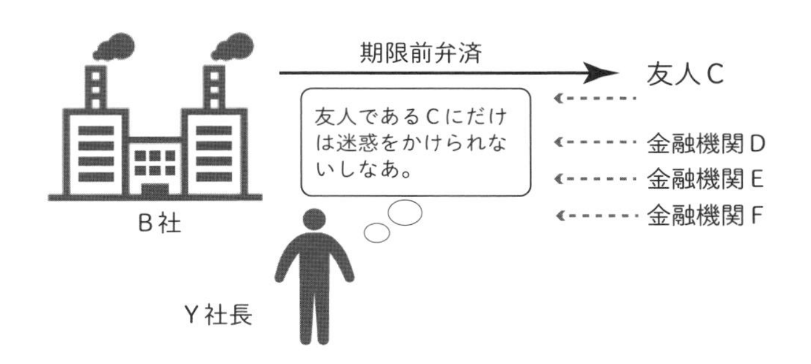

〔ここに注目！〕

どのようなビジネスにも、好調・不調の波はつきものです。経営が傾いてきたときに、その状況をどうやって乗り切るか、経営者は厳しい決断を迫られるものです。そのようなとき、何とかビジネスを再建したいと思うあまりに、一線を越えてしまう例もみられます。どれほど追い詰められた状況であっても、あるいはそういう状況だからこそ、気を付けなければならない点を考えてみましょう。

解説

▶会社が傾いた場合の対処方法

【CASE❶】は、平成29（2017）年に世間を騒がせた旅行会社

「てるみくらぶ」の倒産事件を題材としたものです。最後は、多くのツアー客を海外に残したまま倒産し、帰国できない旅行者が大混乱に陥る事態となりました。社長はギリギリまで会社の存続だけを考え続けていたようですが、このような突然の幕切れは、周囲に対してとてつもない迷惑をかけることになります。むやみに会社の存続だけを考えるのではなく、適切な時期に、適切な方法で会社をたたむことも、経営者の一つの務めといえるでしょう。

会社の資金繰りが悪化した場合にできることとしては、まずは**私的整理**（任意整理）という方法が考えられます。あくまで私的に行うものですから、厳密なやり方が決まっているわけではありませんが、多くの場合は弁護士についてもらい、債務の減免や支払猶予に応じてもらえるように、債権者と交渉していく方法です。ただ、この方法は、裁判所や第三者による公平性の担保がないため、一部の債権者にとっては不利益になる可能性があるともいわれており、何より債権者の理解と協力がないと進めることができないところに限界があります。

それに対して、裁判所の関与のもと、法定の手続によって処理していく方法もあります。それには**清算型**と**再建型**の２種類があり、清算型として**破産手続**、再建型として**民事再生手続・会社更生手続**が挙げられます。破産手続は、経済的にかなり厳しい場合に、会社をたたむことを前提に、債務者のすべての財産をお金に換えて、全債権者に対して平等・公平に分配する手続です。一方、民事再生手続は、まだ立て直しの可能性があるような場合に、会社の再生を目標として、それまでの経営者が引き続き事業を継続していくことを可能としているのが特徴です。会社更生手続は、主として規模の大きな株式会社を想定し、組織再編を伴う大がかりな再建計画を実施する場合に用いられることが多いとされています。

【CASE❶】のように、極限のところまで資産状況を悪化させてしまった場合には、すでに立て直しを図る余裕はなくなっており、「破産」の選択肢しか残っていないといえるでしょう。

▶破産法の役割

まずは、破産手続を規定している**破産法**という法律がどのような法律なのかを確認しておきましょう。破産法の第一の役割は、債務者が経済的に破綻した場合の**混乱を回避**し、**すべての債権者がより多くの満足を得られるようにする**とともに、**債権者間の平等・公平を確保する**ことにあります。債務者の首が回らない状態になったとき、何の制約もないならば、各債権者はそれぞれ債務者のところに押しかけ、債務者の財産を無秩序に奪い合うことになるでしょう。債務者もなけなしの財産を奪われないように隠してしまうかもしれません。その結果、運のよい債権者や力の強い債権者だけが満足を得ることになります。そのような事態を回避するためのシステムを用意したのが破産法です。

ところで、破産法にはもう一つ重要な役割があります。それは、個人である**破産者の経済的再生を助ける**ということです。本来、債務者が負っている債務については、すべて完済できるまで責任を負い続けなければならないはずですが、多額の債務を負ってしまった人をどこまでも苦しめることは、その人から再出発の機会を奪うことを意味します。そこで、やり直しの機会を与えるために、すべての財産をなげうって弁済してもなお弁済しきれない債務については**免責**することによって、債務者の再起を促しています。もっとも【CASE❶】や【CASE❷】のように、債権者を害する行為を意図的に行った場合には免責が許可されないのが通常です。

なお、個人ではなく会社の場合は、破産してしまうと会社自体が消滅し、そこですべてが終わってしまうので、その後の免責ということを考える必要がありません。再出発を助けるという意味は、個人の破産者についてのみいえることになります。

▶破産手続の概要

それでは、具体的な破産手続の流れをみてみましょう。まず、破産が問題になるのは、**支払不能**または**債務超過**といった**破産手続開始の原因**があるときです。そのような原因があるときに、債務者または債権者が裁判所に対して破産手続開始の申立てを行います。裁判所がそれを妥当と認めた場合、**破産手続開始決定**が行われます。その決定と同時に、そのあと破産手続を進めていく**破産管財人**が選任され、その時点で破産者が持っている財産は原則的に**破産財団**となり、破産管財人が管理することになります。それにより、破産者は、生活に最低限必要な財産を除いて、勝手に処分することは許されなくなります。また、債権者も、**別除権**とよばれる担保権の行使を除き、各自が個別に債権の取り立てを行うことが許されなくなります。

その後、破産者の財産を、破産管財人が適切な形で売却し、現金に換えていきます。一方で、破産者に対して債権を有している人がどれくらいいるかを調べ、その金額を確定します。そして、現金に変換された財産を配当原資として、確定した債権者に対して、その債権額に応じて按分配当していきます。すべての債権に対して同じ率で配当するので、**債権者平等**が実現されることになります。

さて、以上のような手続を前提とすると、債務者は、いったん破産手続が始まってしまうと、ほぼ無一文になることを覚悟しなくてはなりません。ですから、手続に入る前に、少しでも財産を隠し持っておこうと考える人がでてくることは想像に難くありません。また、一部の債権者にだけ有利な形で弁済をしてしまおうと考えることもあるでしょう。そのようなことをされると、他の債権者はそれだけ配当が減り、不利益を被ることになります。

破産管財人がそのような事態を把握できれば、**否認権**といわれる権利を行使して、財産を取り戻すことが可能です。否認の対象となる行為については細かな規定があり、実際のケースでは基本的にこの否認権の行使によって債権者の保護が図られています。しかし、破産管財人が把握できない形で財産を隠されてしまっては否認のしようがありません。そのように、特に悪質な行為を抑止するために、破産法にはいくつかの罰則が用意されています。それらをみていくことにしましょう。

▶詐欺破産罪

破産法上で最も重い処罰を予定しているのが**詐欺破産罪**（破産法265条）です。これは、債権者の利益を害する行為、すなわち**詐害行為**といわれるものを処罰する規定で、法定刑は10年以下の懲役もしくは1000万円以下の罰金またはその併科となっており、さらに**両罰規定**（同法277条　CHAPTER 2）もあります。法定刑の上限は刑法上の詐欺罪（刑法246条）と同じですが、罰金まで同時に科されてしまうことがあることを考えると、詐欺罪よりもむしろ重いといえます。

一体どんな行為をすると、そのように重く処罰されてしまうのでしょうか。条文では以下の４つの類型が列挙されています。①債務者の財産を**隠匿・損壊**する行為、②債務者の財産の譲渡・債務の負担を**仮装**する行為、③債務者の財産の現状を改変して、その**価格を減損**する行為、④債務者の財産を**債権者の不利益に処分**し、または債権者に**不利益な債務を債務者が負担**する行為、です。

①は、債務者の財産を物理的に隠したり壊したりする場合が典型例であり、【CASE❶】の財産隠匿は①に当たります。②は、財産の譲渡を仮装することで、あたかも債務者の財産ではなくなったかのようにみせかける行為などです。③は、たとえば更地に建物を建ててしまうとか、大量の廃棄物を置くなどして、土地の価格を引き下げるような行為を指しています。④は、仮装ではなく、本当に財産を売ってしまう場合などを指しますが、正当な金額ではなく、特別に安い金額で売ってしまうような場合に問題になります。④の類型では、譲り受ける相手方も、事情を知っていた場合には同じ罪で処罰されます。

以上のような行為を、**債権者を害する目的**をもって行うことが禁止されています。つまり、そのような行為をすることで、総債権者が不利益を被るという確定的な認識をもちつつ、それを意図して行うことが必要と解されます。

また、それらの行為を行う時期については、**破産手続開始の前後**を問いません。つまり、【CASE❶】のように、破産手続を始める前に財産を隠してしまう場合をも含むということです。この点については少々不思議に思う人もいるかもしれません。たしかに、破産手続開始後であれば、財産の管理権が破産管財人に移り、債務者は処分権限を失うわけですから、勝手に処分してしまった場合に罪となるのはわかりやすいでしょう。しかし、破産手続開始前については、自分の財産を自分で処分しているだけですし、何より、相当昔の羽振りの良かった頃に処分したものまで罪に問われるのは納得がいきません。それでは、財産隠匿等の行為は、どの時点からやってはいけないのでしょうか。

一般的に、それらの行為が禁止されるのは、支払不能などの**危機的状況**が発生したとき以降であると理解されています。もともと本罪の成立には債権者を害する目的が必要とされているので、羽振りの良いときの行為が無制限に罰せられることにはならないはずですが、行為の時に、そのような目的だけでなく、客観的にも破産手続開始の原因が存在することが必要ということです。

▶処罰条件

詐欺破産罪で処罰される行為は上述のとおりですが、実は、それらの行為が行われたらそれだけで即処罰というわけではありません。それらの行為が処罰されるのは**「破産手続開始の決定が確定したとき」という条件**がついています。これを**客観的処罰条件**と呼んでいます。

実は、このような条件をつけることに対しては、根強い反対意見も主張されています。なぜなら、このような条件があることにより、破産手続という裁判所の正式な手続が始まった場合にしか処罰できないことになるので、裁判所の関与しない私的整理の場合には一切処罰ができなくなってしまうからです。

とはいえ、この条件があることにより、債務者が何とか破産手続を回避しようと努力するインセンティブになるのではないかともいわれており、何より、処罰をする場合としない場合の線引きを明確にできる利点があるといわれています。私的整理の場合にまで刑罰権を介入させなくてもよいのではないか、というのも一つの考え方といえるでしょう。

▶特定の債権者に対する担保供与等の罪

詐欺破産罪の次に規定されている罰則として、**特定の債権者に**

対する担保供与等の罪（破産法266条）があります。端的にいうと、**他の債権者を害する目的**で行う**非義務的偏頗行為**を処罰するものです。難しい言葉に聞こえますが、偏頗行為というのは、偏った不公平な行為という意味で、特定の債権者に対してのみ弁済してしまうとか担保を供与してしまうといったようなことをいいます。非義務的というのは、義務がないのにするということです。つまり、まだ弁済期前であるのに早々に弁済してしまうとか、本来は金銭で弁済する予定だった債務につき、金銭に代えて一定の物によって弁済を行う**代物弁済**という方法をとるような場合もこれにあたります。

【CASE❷】の事例における期限前弁済は、この非義務的偏頗行為にあたります。なお、この偏頗行為によって処罰を受けるのは条文上「債務者」となっており、**【CASE❷】**における債務者はＢ社ですから、処罰を受けるのも基本的にはＢ社となるはずです。しかし、両罰規定（破産法277条）があることによって、実際の行為者であるＹも処罰の対象となります。

この特定の債権者に対する担保供与等の罪についても、破産手続開始の前後を問わないことや最終的に破産手続開始決定の確定が処罰条件になっていることなどは、詐欺破産罪と同様です。ただ、法定刑はだいぶ軽く、５年以下の懲役もしくは500万円以下の罰金またはその併科となっています。

詐欺破産罪に比べて法定刑が軽くなっている理由は、一部の債権者は満足しているという点が挙げられるでしょう。つまり、詐欺破産罪の方は、すべての債権者に**絶対的な不利益**を及ぼす行為であるのに対して、一部の債権者が利益を得ている場合は、債権者間の平等が害されているだけであり、**相対的な不利益**にとどまっていると考えられるからです。

たとえば、【CASE❷】をアレンジして、友人Cからは借金をしていなかったとしましょう。破産によって会社の財産をすべて失うくらいなら、その前に、仲の良い友人Cに安価で譲ってしまおうと考え、会社所有の財産をCに**廉価売却**したとします。そのような場合は、すべての債権者にとって絶対的に不利益な行為といえるので、重い詐欺破産罪（前述の④の類型）になります。

▶手続の公正を害する罪

破産法上の罰則としては、上述のような債権者を直接に害する行為のほか、**破産手続の公正で円滑な遂行を侵害**することによって間接的に債権者の利益を害するタイプの罪もあります。

なかでも重要なのは、**情報収集を阻害**する行為を処罰する類型です。破産手続においては、適切かつ公平な清算の実現のため、破産者の財産状況を正確に把握することが何より重要になりますが、そのためにさまざまな説明義務のある者が、理由なく説明を拒絶するとか、虚偽の説明をするようなことがあっては困ります。そこで、**説明および検査の拒絶等の罪**（破産法268条）などが用意されています。【CASE❶】のXは、破産手続における説明の際に嘘をついていますので、この罪にも当たります。

手続的な公正を守るものとしては、ほかに、**破産管財人等に対する職務妨害の罪**（破産法272条）などもあります。偽計や威力を用いて破産管財人の職務遂行を妨害した場合などに処罰されるものです。刑法典上も**業務妨害罪**（刑法233条後段、234条）というものがありますので、それで処罰することも可能ですが、破産法ではそれよりも法定刑が重くなっているのが特徴です。

また、破産管財人は、総債権者のために公正に職務を遂行する必要があることから、特定の人の利益だけを図ることを防止するため、**破産管財人等の収賄罪**（破産法273条）も規定されており、贈賄（同法274条）も処罰されます。さらに、破産管財人が自己または第三者の利益を図りまたは債権者に損害を与える目的で、その任務に背く行為を行い、債権者に財産的損害を与えたときは**破産管財人の特別背任罪**（同法267条）が成立します。これは会社法上の特別背任罪（会社法960条　CHAPTER 7）と同じく、刑法上の背任罪（刑法247条）よりも重い法定刑となっています。

▶破産者やその親族等を守る規定

ところで、破産手続が進行すると、債権者は個別に債権を実行することができなくなるはずですが、悪質な高利貸しなどは、そのようなルールを無視して、破産者やその親族に対して脅しをかけ、何とか支払うよう迫ってくることがあります。さらに、個人の破産者がせっかく免責を受けたにもかかわらず、その免責されたはずの債務を弁済するよう強く求めてくることも考えられます。そのようなことから破産者を守り、経済的な再建が妨げられないようにするため、破産者等に対し**面接を強請**したり、**強談威迫の行為**を行ったりした者についての処罰も規定されています（破産法275条）。

▶まとめ

以上、破産法の罰則を中心にみてきましたが、企業が倒産に直面したとき、さまざまな形で業績を良くみせようと苦心して、他の法律に規定される罪を犯すことも多くあります。たとえば、**【CASE❶】**のもととなった、てるみくらぶ事件では、社長は、財務状況が好調であることを装って虚偽の書類を作成し、それを使って銀行を騙して融資を得たことから、**私文書偽造罪**（刑法159

条１項)、**同行使罪**（同法161条１項)、**詐欺罪**（同法246条１項）についても有罪となっています。粉飾決算を行うと、場合によっては会社法上の**違法配当の罪**（会社法963条５項２号）や**特別背任罪**（同法960条）が成立することもあり、さらには金融商品取引法上の**虚偽記載有価証券報告書提出罪**（金融商品取引法197条　CHAPTER ９）などが問題になることも考えられます。

仮にビジネスに失敗して倒産するようなことになったとしても、再起の可能性は十分に存在しますが、ひとたび犯罪に手を染めてしまうと、そこで失った信用を取り戻すには大変な苦労を伴います。また、資金繰りに窮している企業には、暴力団や悪質な高利貸しが寄ってきて、その弱みに付け込んで企業を乗っ取ろうとしてきます。健全なビジネスで再起するためにも、追い詰められたときこそ冷静な判断を心がけたいものです。

〔田山聡美〕

CHAPTER 7

不正な経営判断

【CASE】

A銀行は、リゾート開発を業とするB社に対して、長年にわたって融資を続けてきました。しかし、近年の新型コロナウイルス禍により観光事業が大打撃を受け、B社も業績が大幅に悪化し、多額の負債を抱えて事実上倒産状態に陥ってしまいました。そのような状況下で、A銀行頭取であるXは、学生時代からの友人であり、取引上も長年の付き合いがあるB社代表取締役Yから多額の融資を懇願されました。しかし、すでにB社は事実上倒産状態にあり、十分な担保になりうる資産もなく、融資をしても貸し倒れになる可能性が非常に高い状況でした。ところがその反面、A銀行はこれまで長年にわたってB社に融資を続けており、もしB社が倒産した場合には、これまで融資した貸付金がすべて回収できなくなる危険性もありました。そこでAは、貸し倒れになる危険性が非常に高いことを認識しながらも、長年の友人であるYを助けたいと考え、また、貸付金によりB社を存続させ、新型コロナウイルス禍終息後の業績回復によりこれまでの貸付金を一気に回収するという可能性に賭けて、B社に対して実質無担保で多額の融資を実行しました。しかし、結局B社は倒産し、A銀行はB社に対する多額の貸付金を回収できず、多額の損失を被りました。Xの行為は、犯罪として処罰されるでしょうか？

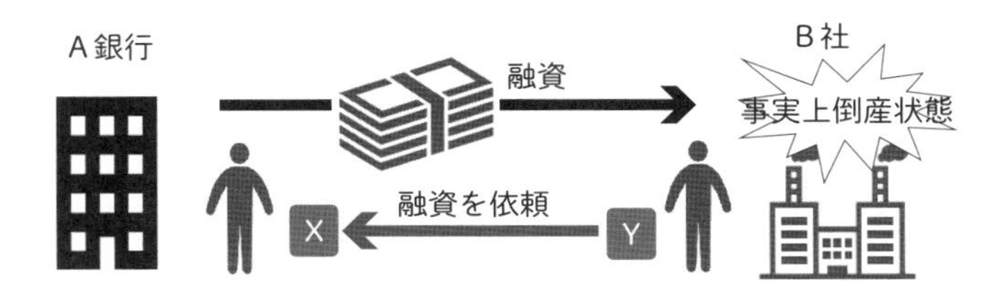

〔ここに注目！〕

銀行の頭取、会社の代表取締役などの経営者は、経営の専門家として会社に対して重い責任を負い、常に細心の注意を払って経営に関する判断を行う必要があります。もし経営者が、専門家として求められる適切な経営判断を行う義務に反して会社に損害を生じさせてしまった場合には、会社に対して損害賠償責任を負うことになります。さらに、会社の利益を図る目的を持たずに、私腹を肥やすなどの目的で会社に損害を生じさせた特に悪質な場合には、特別背任罪という犯罪として処罰されることになります。しかし、会社の経営に際しては、正しいと思った判断が予期せぬ事情で裏目に出て、結果として会社に損害を生じさせてしまうこともしばしば起こります。また、人間の内心は複雑ですから、会社の利益を図る目的と私腹を肥やす目的が併存している場合もあります。これらの場合についても、常に経営者を犯罪者として処罰することは、あまりに酷な結果を招くことになってしまうでしょう。そこで、経営者として求められる義務を怠ったことにより会社に損害を生じさせた経営者の刑事責任を追及するためには、具体的にどのような事情が必要なのかを考える必要があります。

解説

▶ 特別背任罪とは

特別背任罪（会社法960条）という犯罪は、会社法に規定されている犯罪ですが、これは刑法に規定されている**背任罪**（刑法247条）という犯罪を、株式会社の取締役などの会社法960条1項各号に規定された者が行った場合に、より重い刑で処罰するものです。刑法上の背任罪の法定刑が5年以下の懲役または50万円以下の罰金であるのに対して、特別背任罪の法定刑は、10年以下の懲役または1000万円以下の罰金とされており、懲役と罰金が併科される場合もあります。

それでは、刑法における背任罪とはどのような犯罪なのでしょうか。背任罪とは、他人（本人）のために何らかの仕事をする立場にある者が、その他人（本人）の利益のために働く意図を持たず、専ら私腹を肥やすなどの目的（**図利加害目的**）で、自らに課せられた任務に反する行為（**任務違背行為**）に出て、その他人（本人）に財産上の損害を生じさせる犯罪です。横領罪（刑法252条）と少し似ていますが、横領罪は他人から預かっている物を着服して自分の物にした場合にのみ問題になるのに対して、背任罪は、物を預かっている場合だけではなく、何らかの仕事を任された場合全般について問題になる点で、横領罪とは異なっています。

▶ 特別背任罪の特徴

この背任罪という犯罪は、他人の財産を侵害する行為を処罰する「財産犯」と呼ばれるグループに属していますが、窃盗罪や詐欺罪といった他の代表的な財産犯とは異なる特徴を持っています。まず、背任罪は、他の財産犯とは異なり、全体財産に対する罪とされています。つまり、任務違背行為により本人の特定の財産が失われた場合であっても、これを埋め合わせる反対給付などにより、結局本人の財産が全体として減少していない場合には、「財産上の損害」は生じなかったものとされ、背任未遂（刑法250条）

の限度で処罰されることになります。

また、背任罪が成立するためには、同罪の故意、すなわち任務違背行為や財産上の損害の発生についての認識および認容に加えて、図利加害目的という特別な主観的要件が必要とされ、この点でも他の財産犯とは異なっています。つまり、自分の行動が与えられた任務に反するものであり、かつ本人に損害を生じさせる認識があっても、本人の利益を図るためにやむをえず任務違背行為に出たような場合には背任罪は成立せず、本人の利益を図る目的を持たずに、本人の財産状況を悪化させたり、自己または近しい第三者に利益を得させる目的で任務違背行為に出た場合にのみ、背任罪として処罰されることになります。

そして、この背任罪にあたる行為を、会社の取締役や監査役などの会社組織のなかで仕事を任された者が行った場合には、会社法上の特別背任罪が成立し、刑法上の背任罪よりも重く処罰されることになります。特別背任罪が通常の背任罪よりも重く処罰される理由は、会社が行う経済活動は個人が行う活動よりも大規模であり、現代社会における経済活動において重要な役割を占めていることから、会社の経営者などによる背任罪は、社会にとってより大きな害悪を生じさせるので、より重大な犯罪として扱うべきという点にあるとされます。

▶ 特別背任罪と不正融資

この特別背任罪として処罰される行為の典型が、金融機関などによる、いわゆる**不正融資**です。不正融資とは、金融機関などが、貸し倒れになる危険性が高いにもかかわらず無担保または担保の不十分な貸付けを行うことをいいますが、このような融資を決定した者には、原則として任務違背行為が認められます。銀行などの金融機関は、預金者から集めた資金を融資することにより、事業資金を社会のなかで循環させるという重要な役割を有しています。ここで融資される資金は、預金者が銀行を信用して預けてくれたものなので、回収の見込みのない融資に用いて無駄にするようなことは絶対に許されません。そこで、金融機関においては、貸付金を確実に回収するために、融資先の事業内容、経営状況、貸付金の使途などの諸事情を詳細に審査して、かつ万一に備えて確実な担保を取ったうえで貸付けを行うことが求められます。そこで、金融機関の融資担当者や取締役が、このような措置を講じずに、漫然と相手方の要求に応じて融資を実行した場合や、貸付金の回収が不可能ないし困難であることを認識しつつ融資を実行することは、原則として金融機関に対する任務違背行為と評価されることになります。

このような不正融資が図利加害目的で行われた場合には、不正融資を実行した者は、特別背任罪で処罰されることになります。たとえば、金融機関の利益を考えることなく、相手方との個人的な人間関係に基づき通常はありえない利益を与える目的で融資を行った場合や、相手方からリベートをもらう目的で融資を行った場合には、自己または第三者の利益を図る目的で不正融資を行ったことになるので、図利加害目的が認められ、特別背任罪が成立することになります。そして、不正融資の相手方が銀行側の融資を決定した者と共同で不正融資を実現させたような場合には、特別背任罪の共同正犯（刑法60条）として処罰されることもあります。

▶ 不正融資事例の論点①――経営判断の原則

もっとも、金融機関の経営者が、自己または第三者の利益を図る目的を有して回収の見込みのない融資を実行し、結局貸付金を回収できなかった場合であっても、常に特別背任罪が成立するとは限りません。

まず、**【CASE】**におけるＢ社に対する融資は、そもそもＸの任務違背行為といえるでしょうか。たしかに、この場合Ｂ社から貸付金を回収できる可能性はほとんどありません。しかし、ここで融資を断ったことによりＢ社が倒産してしまった場合には、これまでの貸付金がすべて回収できなくなるという、より大きな損失が生じてしまう危険性もあります。この点からすれば、Ｘによる融資の実行にも一理あるように思えます。このように、すでに融資をしている融資先を救済するために行う**救済融資**の場合については、事実上倒産状態にある相手方に無担保で融資を行った場合であっても、特別背任罪における「任務違背行為」があったといえるかが問題になります。

▶ 経営者としての義務と経営判断の原則

金融機関などの会社の経営者は、その職務を行うにあたり会社に対して善良な管理者としての注意義務（**善管注意義務**）を負っており（会社法330条、民法644条）、これに反して会社に損害を生じさせた場合には、会社に生じさせた損害を賠償する責任を負うことになります（会社法423条１項）。しかし、会社の経営に関する判断は高度な専門性を有するものであり、経営者は場合によってはリスクを伴う経営活動をする必要もあります。そこで、会社の経営に関する判断については、裁判所は経営者の判断を尊重すべきであり、その判断が、その当時の状況に鑑み、取締役として会社の業務を行う能力および識見を有する者の立場からみて著しく不合理であると認められない限りは、たとえその判断の結果として会社に損害を生じさせたとしても、善管注意義務違反を認めるべきではないとされます。このような形で取締役の注意義務を緩和するルールを、**経営判断の原則**といいます。

この経営判断の原則の趣旨は、取締役の会社に対する注意義務の緩和を図り、失敗を過度に恐れることなく、自由に経営判断に関する裁量を行使できるようにするという点にありますが、このような趣旨は、会社に損害を生じさせた経営活動を特別背任罪として処罰すべきか否かを判断する場合にもそのままあてはまります。そこで、経営者の判断が、結果として会社による損害を発生させたとしても、この経営判断の原則により許容されるものである場合には、特別背任罪における「任務違背行為」とはいえないとされます。

▶ 経営判断の原則の適用範囲

もっとも、この経営判断の原則により注意義務が緩和される範囲は、その事業の内容によって異なります。この点について、銀行の取締役による融資の決定について経営判断の原則の適用が問題になった拓銀事件[1]は、銀行業が広く預金者から資金を集め、これを企業等に融資することを本質とする免許事業であること、銀行の取締役は金融取引の専門家であり、その知識経験を活用して融資業務を行うことが期待されていること、万一銀行経営が破綻するなどした場合には、社会一般に広範かつ深刻な混乱を生じさせることを理由に、融資業務に際して要求される銀行の取締役の注意義務の程度は一般の株式会社取締役の場合に比べ高い水準のものであるとして、経営判断の原則が適用される余地はそれだけ限定的なものにとどまるとしています。

1　最決平成21・11・9刑集63巻9号1117頁

つまり、銀行の取締役が融資を実行する際には、融資先の経営状況、資産状態等を調査し、その安全性を確認して貸付を決定し、原則として確実な担保を徴求する等、相当の措置をとるべき義務を有するとされます。そして、例外的に実質倒産状態にある企業に対する支援策として無担保または不十分な担保で追加融資をして再建または整理を目指すこと等がありうるにしても、これが適法とされるためには客観性を持った再建・整理計画とこれを確実に実行する銀行本体の強い経営体質を必要とするなど、その融資判断が合理性のあるものでなければならず、手続的には銀行内部での明確な計画の策定とその正式な承認を欠かせないとされます。

このように、銀行の取締役は、融資を実行するに際して、貸付金を確実に回収するための万全の措置をとることが要求されます。そこで、いわゆる救済融資の場合であっても、合理的かつ慎重な判断が要求され、融資先が破綻したらこれまでの貸付金も回収できなくなるからといって、安易に融資を実行することは許されないことになります。

▶【CASE】における任務違背行為

このような見地からは、XのB社に対する融資の実行は、経営判断の原則によって許容されるものではなく、任務違背行為と解さざるをえません。たしかに、B社が破綻した場合には、これまでの貸付金がすべて回収できないことになってしまいます。しかし、今回融資をしてもB社が新型コロナウイルス禍の終息まで存続できるかはわからないし、もし存続できたとしても、新型コロナウイルス禍終息後にB社の業績が直ちに回復するとは限りません。それにもかかわらず、XはB社の再建計画などについて十分な検討もせずに、安易に無担保で多額の融資を実行しています。

このようなXの判断は、上記のような銀行の取締役に要求される注意義務を十分に果たしたものとはいえないでしょう。そこで、Xの融資の実行は、特別背任罪における「任務違背行為」にあたることになります。

▶ 不正融資事例の論点②――図利加害目的

また、特別背任罪が成立するためには、刑法上の背任罪と同様に、図利加害目的が必要になります。**【CASE】**において、Xは昔からの友人であるYの利益を図るために融資を実行していることからすると、この図利加害目的が認められることになりそうです。しかし、Xは、単に親しい友人Yを助けるために融資を実行したのではなく、B社の倒産を防いでこれまでの貸付金がすべて回収できなくなる事態を防ぐという、A銀行の利益を図る目的も有しています。このように、図利加害目的と会社の利益を図る目的（**本人図利目的**）が併存している場合に、特別背任罪を成立させるべきかも問題になります。

▶ 図利加害目的の役割

そもそも、背任罪を成立させるために、同罪の故意とは区別された「図利加害目的」という内心状況が必要とされる理由はどこにあるのでしょうか。たとえば、会社の経営者が任務違背行為に出て、結果として会社に損害を生じさせてしまった場合には、まずは会社に対して発生させた損害を賠償することが求められます。この場合に経営者が負う損害賠償責任は、民事上の債務不履行責任です。経営者が経営判断を誤って会社に損害を生じさせてしまった事案の多くは、大抵この民事上の損害賠償責任を負わせることで解決されます。そして、この場合の経営者は、通常であれば自らの行為が与えられた任務に反するものであり、かつ会社に損害を生じさせるものであることを認識しているので、特別背任罪の故意も認められることになります。しかし、このような経営者の中には、会社の利益を守るために危ない橋を渡り、やむをえず任務違背行為に出たところ、結局失敗して会社に損害を生じさせてしまった者もいるでしょう。このような会社のためにやむなく任務違背行為に出てしまった経営者も、常に犯罪者として特別背任罪で処罰するのは行き過ぎではないでしょうか。

このことから、任務違背行為に出た経営者が、会社の利益を図る目的を持たずに、単に会社に損害を生じさせる目的や、会社を私物化して私腹を肥やす目的を有していた悪質な場合に限って、民事上の損害賠償に加えて、特別背任罪で処罰すべきとされているのです。つまり、特別背任罪の成立要件としての図利加害目的は、任務違背行為に出て会社に損害を生じさせた経営者を、単なる民事上の損害賠償で済ませるべき者と、犯罪者として特別背任罪で処罰すべき者に区別する機能を有しているのです。

▶ 本人図利目的が併存する場合の扱い

そうであるならば、任務違背行為に出た経営者が多少会社の利益を図る目的を有していても、全体としては犯罪者として処罰しても構わないような悪質な意図で任務違背行為に出ているのであれば、図利加害目的を認めても差し支えないでしょう。たとえば、多少会社の利益を図る目的を有していても、主に私腹を肥やす目的や自分に近しい者に利益を与える目的で任務違背行為に出た経営者は、単に民事上の損害賠償を請求するだけではなく、特別背任罪として処罰すべきといえます。逆に、多少私腹を肥やす目的や保身を図る目的を有していても、主に会社の利益を図るためにやむをえず任務違背行為に出てしまった経営者は、犯罪者として刑罰を科すべきとまではいえず、生じさせた損害について民事上の損害賠償を請求するだけで十分でしょう。

もっとも、背任罪の故意が認められる場合には、会社に損害が発生することは認識しているはずなので、普通であれば会社に損害を発生させる意図で任務違背行為に出たと認められます。そこで、背任罪の故意が認められる以上は、会社の利益を図るためにやむを得ず任務違背行為に出てしまったという特別な事情がない限りは、図利加害目的を認めて特別背任罪を成立させても問題ないでしょう。このことから、判例[2]は、本人図利目的が併存する場合であっても、本人の利益を図る目的が決定的なものではない限り、図利加害目的が認められるとしています。このように、図利加害目的と本人図利目的が併存している事例においては、本人の利益を図る目的が決定的なものといえるかを判断することが必要になるのです。

▶【CASE】における図利加害目的

このような見地からは、XのB社に対する融資の実行は、図利加害目的でなされたと解すべきでしょう。たしかにXは、B社に対する救済融資により、これまでの貸付金がすべて回収できなくなる事態を防ごうとしており、この点ではA銀行の利益を図る目的が認められます。しかし、Xによる融資の実行は、B社が事実上倒産状態にあるにもかかわらず、無担保で多額の融資をするというものであり、事実上倒産状態にある会社が通常受けることができる利益を大きく超えるものです。

このような融資は、B社の代表取締役であるYが長年の友人で

2　最決平成10・11・25刑集52巻8号570頁

あったからこそなされたものと解するのが自然でしょう。このことから、Xによる融資の実行は、Yとの個人的な人間関係に基づいて、専ら親しい友人であるYに利益を得させるためになされたものであり、到底A銀行の利益を図る目的が決定的であったとはいえません。そこで、本件において、Xには図利加害目的も認められるでしょう。

▶ まとめ

以上のように、たしかにXは、これまでの貸付金がすべて回収できなくなる事態を防ぐ目的でB社に対する救済融資を行っていますが、このような融資の実行は、銀行の取締役に要求される注意義務に反する「任務違背行為」であり、かつ専ら親しい友人であるYに利益を得させる「図利加害目的」で行ったものと認められます。そこで、Xによる融資の実行には、特別背任罪が成立することになります。

このように、経営者などが会社に損害を生じさせた場合に、特別背任罪として処罰すべきかを検討する際には、同罪の成立要件である「任務違背行為」や「図利加害目的」の判断を通じて、その会社の業務の性質、当該業務執行に際して求められる注意義務の具体的内容、自社や取引先の具体的な財産状況、行為者の内心状況、相手方との人間関係などのさまざまな事情を考慮した総合判断を行うことが必要になるのです。

〔木崎峻輔〕

CHAPTER　8

汚　職

【CASE】

東京に本社を置く大手設備工事会社であるＡ電工は、東南アジアのＰ国において、子会社（現地法人）を設けていました。Ａ電工の現地子会社に出向していたＸは、自社が開発した自動指紋照合システムを、Ｐ国の国家捜査局に採用してもらうため、さまざまな努力をしていました。Ｘの努力もあって、Ｐ国国家捜査当局では、Ａ電工の自動指紋照合システムを導入することを検討し、ほぼ採用が内定したといってよい状況になっていましたが、いまだ契約には至っていませんでした。そうしていたところ、Ｘは、本社の上司Ｂから、早く契約を取り付けるように強い指示を受け、焦りが高じてきましたが、ちょうど、Ｐ国の国家捜査局局長Ｃの趣味がゴルフであり、ゴルフクラブセット（80万円相当）を欲しがっていることを聞きつけました。Ｘは、これをＣに供与すれば、早期に契約を締結してもらえると考え、Ｃに対し、80万円相当のゴルフクラブセットを贈りました。Ｘの行為は犯罪になるでしょうか？

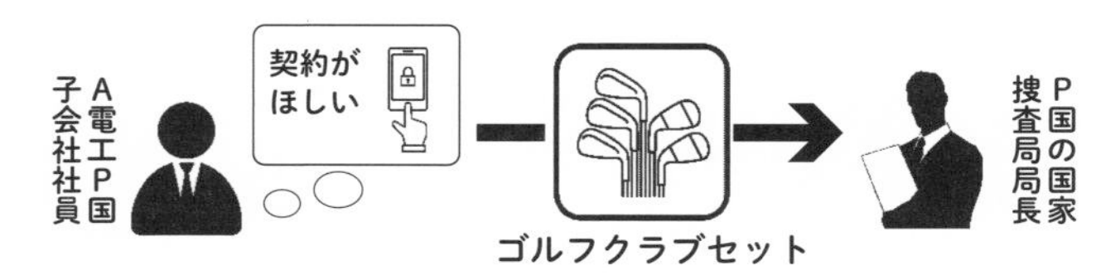

〔ここに注目！〕

外国で企業活動を展開する場合、外国の関係当局との人的なパイプがなかったり、関係当局からの特別の許可が必要だったりすることで、なかなか思うように事業展開できないことがあります。そのようなとき、事態を打開するため、関係当局に属している外国公務員に、不正の利益を供与したり、外国公務員からの利益供与の要求にそのまま応じて、不正の利益を供与したりするビジネスパーソンが出てきます。このような行為は、汚職にあたる行為であり、外国公務員贈賄罪という犯罪が成立します。ここでは、国際的なビジネスパーソンが陥りやすい汚職としての外国公務員贈賄罪について学んでいきましょう。

解説

▶汚職と賄賂罪

企業活動を行っていくうえで、ビジネスパーソンはさまざまな壁に突き当たります。ある特定の人が、企業にとって障害となる判断をしたため、事業が前に進まなくなる場合もよくあるでしょう。そのとき、もし、その人になんらかの利益の供与をしたら、判断を変えてくれるかもしれない……と思ってしまうこともあるかもしれません。しかし、その人が公務員であった場合、不正の利益を供与すれば、それは、端的に、汚職となってしまいます。

上記の【CASE】では、利益を供与した相手は、P国の公務員でした。これが、日本国内で起こった場合にどうなるか、考えてみましょう。

▶賄賂罪とは

日本国内で、公務員に、不正の利益を供与したら、それは、刑法に規定されている**贈賄罪**ということになります。

贈賄罪は、刑法が定めている犯罪です（刑法198条）。そして、贈賄罪は、賄賂罪の一種です。賄賂罪とは、公務員が、その職務に関し、賄賂を受け取ることによって成立する犯罪です。基本的には、賄賂を受け取る公務員の側を処罰する形（収賄）から発展してきた犯罪類型ですが、現在は、賄賂を送る側も（贈賄）、処罰されるようになっています。

賄賂というのは、公務員が受け取る**不正な利益供与**のことですが、刑法学では、正確には、「公務員の職務行為に対する対価としての不正な報酬」と定義されています。そして、判例によると、賄賂は、財物のみならず、有形たると無形たるとを問わず、いやしくも人の需要もしくは欲望を満たすに足りるべき一切の利益を含む、とされています[1]。つまり、公務員にとって利益となるものを供与すれば、それは、基本的に、賄賂となると考えられます。

賄賂罪は、なぜ処罰されるのでしょうか。公務員に便宜を図ってもらうためにお金や贈物を渡すような行為は、当然に汚職だし、処罰されて当然のようにも思えます。ただ、その理由をきちんと説明すれば、以下のようになるでしょう。賄賂罪は、公務員が賄賂を受け取るだけで成立します。公務員が賄賂を受け取ったことで、国民は、公正であるべき公務が、賄賂によってねじ曲げられてしまったのではないか、という不信感をいだくことになります。こうした公務に対する国民の信頼が害されると、最終的には、公務の公正で円滑な執行という、国家の利益が害されてしまうこと

1　大判明治44・5・19刑録17輯879頁

にもなりかねません。そして、このことが、賄賂罪が処罰される理由なのです。

▶企業犯罪・経済犯罪としての汚職

では、【CASE】のように、外国公務員に贈賄を行った場合は、どうなるでしょうか。外国公務員の職務の公正は、我々日本国民にとっては、直接的な利益ではありません。もちろん、国際的な観点からすれば、外国においても、公務員が職務を公正に執行することが望ましいのはいうまでもありませんが、それは、日本国民の直接的な利益ではないのです。では、このような行為が処罰されないかというと、そのようなことはありません。ここでは、公正な競争が害されるということが問題となります。

つまり、もし、外国公務員に対して贈賄が行われ、その職務が公正に行われなくなれば、その職務に関係する日本の企業やビジネスパーソンが、公正な競争に参加できなくなる危険が生じます。企業活動がグローバル化し、ボーダーレス化している現代社会においては、国際商取引が公正な競争のもとに行われることは、日本のすべての企業にとって重要な利益となるのです。これが、外国公務員贈賄罪が処罰される理由です。

こうしたことから、外国公務員贈賄罪は、刑法の賄賂罪の一種としてではなく、経済刑法の一つである、**不正競争防止法**の中に規定されることになりました。賄賂罪が、国家的な利益を守るため、国家に対する犯罪としての汚職を処罰する規定である一方、外国公務員贈賄罪は、経済的・社会的な利益を守るため、**経済犯罪・企業犯罪としての汚職**を処罰するための規定として制定されたわけです。

▶外国公務員贈賄罪の歴史とその規定内容

そのきっかけとなったのは、平成9(1997)年11月のOECD(国際経済協力開発機構)において採択された、**国際商取引における外国公務員に対する贈賄の防止に関する条約**です。この条約は、国際的な商取引における外国公務員への不正な利益の供与が、国際的な競争条件を歪めている、という認識のもと、このような不正な利益供与行為を、加盟各国が犯罪化することにより、不正な手段による国際的な商活動を国際的協調によって防止し、公正な競争を確保することを目的とするものです。日本は、この条約の締結にあたり、新たに、外国公務員贈賄罪の規定を創設したわけです。

ここで、外国公務員贈賄罪の規定内容をみてみましょう。不正競争防止法18条1項は、以下のように定めています。

> **18条1項**　何人も、外国公務員等に対し、国際的な商取引に関して営業上の不正の利益を得るために、その外国公務員等に、その職務に関する行為をさせ若しくはさせないこと、又はその地位を利用して他の外国公務員等にその職務に関する行為をさせ若しくはさせないようにあっせんをさせることを目的として、金銭その他の利益を供与し、又はその申込み若しくは約束をしてはならない。

ここで定められている行為については、以下のような処罰が行われます。まず、行為者については、10年以下の懲役もしくは3000万円以下の罰金またはその両方が科されます(不正競争防止法21条4項4号)。そして、法人(企業)については、いわゆる**両罰規定**が置かれています。すなわち、法人の代表者または法人もしくは人の代理人、使用人その他の従業者が、その法人または人の業務に関し、違反行為をしたときは、行為者を罰するほか、その法人に対して10億円以下の罰金刑を科する、ということになります（同法22条１項１号）。

▶【CASE】のＸは処罰される

さて、【CASE】のＸは、外国公務員贈賄罪として、処罰されるでしょうか。Ｘがゴルフクラブセットを供与したＰ国の国家捜査局局長Ｃは、Ｐ国の高官であり、外国公務員であることに疑いありません。そして、本来よりも早い時期に契約を締結するという不正の利益を得るため、Ｃにゴルフクラブセットという利益を供与し、その職務に関する行為をさせています。このように考えると、Ｘには、外国公務員贈賄罪が成立するといえるでしょう。

実は、この【CASE】には、モデルとなった事件があります。この事件は、某電工の社員が、フィリピン政府高官に利益供与をしていたとされる事件です。当時、現地法人に出向していた某電工の社員２人（現地法人の元副社長と技術者）が、フィリピンの国家捜査局関係者が来日中にゴルフクラブセットを供与したことで、外国公務員贈賄罪で略式起訴され、福岡簡裁が、それぞれに対して、罰金50万円と罰金20万円の略式命令を出しています。

▶外国公務員贈賄罪の処罰

外国公務員贈賄罪は、それほど多くの適用事例があるわけではないのですが、現状で、いくつかの特徴もみられます。

まず、東南アジア、特にベトナムにおける事件が多いということです。ベトナムが多いということについては、偶然という可能性もありますが、東南アジアでは、このような公務員に対する利益の供与が行われるリスクが大きいということはいえるでしょう。
次に、道路建設や工場事業等、比較的規模の大きなプロジェクトにからんで、外国公務員贈賄罪が起こっているという特徴があります。こうした大規模なプロジェクトでは、得られる利益も莫大であるため、担当しているビジネスパーソンにとっても、なんとかして受注してもらいたいとか、有利な取り計らいを受けたい、といった誘惑が強く働く、ということが考えられます。
【CASE】では、現地法人に出向していた従業員が外国公務員に対して不正な利益供与を行ったというケースを取り上げましたが、実際の事件には、より大規模なケースもあります。東京に本店をおく鉄道コンサルタント事業を営む株式会社の社長をはじめとした幹部３名が、政府開発援助事業に関連し、外国の鉄道公社の関係者に、金銭を提供したという事件は、そのような大規模な汚職事件の一つです（この事件については、東京地裁で、平成27〔2015〕年２月に有罪判決が下されています）。具体的に説明すると、社長をはじめとした幹部３名が、自社にとって有利な取り計らいを受けるため、ベトナム鉄道公社関係者に約7000万円相当の金銭、インドネシア運輸省鉄道総局関係者に2000万円相当の金銭、ウズベキスタン鉄道公社関係者に約5500万円相当の金銭を、それぞれ供与した、というものでした。
このような、企業の社長が関与しているような汚職においては、当然、犯罪の規模は大きくなりますし、動く金銭の額も莫大なものとなります。特に、この事件のように、企業の社長が指揮をとったような、いわば、企業ぐるみの汚職においては、企業それ自体についても処罰が及ぶことになります。この事件で、被告人３名は、それぞれ、懲役２年（執行猶予３年）、懲役３年（執行猶予４年）、懲役２年６か月（執行猶予３年）の刑が科されましたが、企業についても、9000万円の罰金が科されたのです。たしかに、企業にまで処罰が及んだケースは少なく、外国公務員贈賄罪が制定されてから令和4（2022）年5月時点で、2件しかありません。しかし、たった2件しかないとはいえ、本件では9000万円の罰金が、もう一つの事件では、7000万円の罰金が、企業に科されています。企業にとっては、決して低いとはいえない金額であり、このような処罰を受けないように、十分な注意が必要といえます。

▶諸外国における外国公務員贈賄罪の処罰との比較

外国公務員贈賄罪は、OECD外国公務員贈賄防止条約を採択した国において、それぞれ国内法として立法化されています。そのため、日本における規定の内容、特にその刑罰（法定刑）の重さについて、諸外国の規定との比較が行われており、日本の刑罰は軽すぎるのではないか、という指摘がなされるようになっていました。

日本の場合、個人が処罰される場合については、罰金額は500万円以下、拘禁期間は5年以下でしたが、令和5（2023）年6月に、刑罰が大幅に引き上げられ、罰金額は3000万円、拘禁期間は10年以下となりました。これに対して、たとえば、イギリスでは、罰金額は上限なし、拘禁期間は10年以下となっており、日本よりはるかに重い刑罰が科せられる規定になっています。また、アメリカでは、拘禁期間は5年以下と、日本に比べて短いですが、**罰金スライド制**と呼ばれる制度が導入されており、違反によって得た不正な利益または損失の2倍以下の額の罰金が科されることになっています。また、韓国も、アメリカと同じように、罰金スライド制を持っており、そこでは、得られた金銭的利益が5億ウォン（約5500万円）を超える場合は、その利益の2倍から5倍の額、金銭的利益が少ないか計算できない場合は贈賄額の２倍から５倍の額の罰金が科される、ということになっています。

また、企業が処罰される場合、日本では、10億円以下の罰金刑が定められていますが、イギリスでは罰金額には上限なし、ドイツでは1000万ユーロ（約14億円）、フランスでは500万ユーロ（約７億円）という高額の罰金刑が定められています（さらに、フランスは、罰金スライド制も採用しており、犯罪収益の10倍以下とされています）。

このように、日本においては、外国公務員贈賄罪に対する刑罰は、諸外国に比べて、まだまだ低く設定されているということができます。

こう述べてくると、日本においても、さらに刑罰を引き上げるべきだという議論が出てくるかもしれません。「国際商取引における外国公務員に対する贈賄の防止に関する条約」も、前文において、「締結国においてとられる措置の間の同等性を達成することがこの条約の不可欠の目的」であるとしています。ただ、日本の場合は、そもそも、外国公務員贈賄罪ができたときには、３年以下の懲役または300万円以下の罰金が定められていたところ、平成17（2005）年に、５年以下の懲役または500万円以下の罰金に引き上げられ、さらに、今般の引上げがあったという経緯があります。大幅な刑罰の引き上げについては、慎重であってもよいように思われます。

また、日本においては、そもそも定められている刑罰の上限で処罰されたような事件は、存在しません。実際の事件では、個人に対しては、懲役３年（執行猶予４年）が拘禁期間の最大期間であり、100万円の罰金が最大額です。また、企業に対しては、9000万円の罰金が最大額です。これまでの処罰の上限が、3000万円・10年の拘禁・10億円であったことを考えると、まだまだ上限までには隔たりがあります。現状から刑罰を引き上げる実益は、乏しいように思われます。

▶犯罪の予防策としての刑罰の引き上げ

ただ、外国公務員贈賄罪においては、企業が、我々が想像するよりも遥かに巨額の利益を得る場合もあります。たとえば、10億円の罰金額を支払っても30億円の利益を得られるならば、企業がその誘惑に負けて、贈賄をしてしまうという可能性もあります。そのため、外国公務員贈賄罪を予防するためには刑罰の引き上げが必要であるという議論に、それなりの説得力があるのも事実です。

しかし、一般的にいえば、犯罪を予防するために法定刑を引き上げるのは、一時的には予防効果はあっても、ある程度の年月が経てば、その予防効果が失われるということができます。結局、犯罪率は、しばらく経つと、元の水準に戻ってしまうというのです。これに関しては、多くの実証研究が存在しています。そのような実証研究から明らかとなっている事実を基礎に据えれば、予防を理由とする刑罰の引き上げについては、十分な根拠がないということになります。

不正に得られる利益が巨額であり、法律で定められている罰金額を超えるような場合に備えて、罰金スライド制を導入するという方法も考えられます（実際に、巨額の贈賄事件が起こったアメリカでは、罰金スライド制によって、23億ドルに及ぶ制裁金が科されたという事案も存在します）。しかし、この方法は、日本のこれまでの罰金制度とかなり異なる制度であるため、導入には困難が予想されます。罰金によらなくても、没収制度によって、企業に不正の利益の蓄積を許さない方法なども考慮されうるでしょう（日本の制度では、不正の利益の没収は可能ですから、その活用を考えるのが最も望ましいのではないかと思われます）。

▶企業内での防止策

外国公務員贈賄罪を予防するためには、企業内で、これを予防するための体制を作ることが何より重要です。規制が強化されることで犯罪が予防されることもありますが、それ以上に、日々事業に関わるビジネスパーソンの意識を高めることで、犯罪は最も適切に予防されると考えられます。外国公務員贈賄罪は、事業の展開において、外国の公務員との接触が必要な企業においては、常にそのリスクがある犯罪類型です。そして、これが一度発生すると、企業のイメージを大きく損なう犯罪類型でもあります（「汚職」という言葉が持つマイナスイメージは、その他の企業犯罪・経済犯罪と比較しても、相当に大きなものがあります）。企業内では、そのような認識に基づいて、外国公務員贈賄防止体制を構築し、運用する必要があります。

外国公務員贈賄罪防止にあたって特に重要な視点としては、以下の**３つの視点**があげられています（経済産業省・外国公務員贈賄防止指針７頁参照）。それは、①経営トップの姿勢・メッセージの重要性、②リスクベース・アプローチ、③贈賄リスクを踏まえた子会社における対応の必要性、です。

まず、経営トップが、汚職については**絶対に許されないという決意を示す**ことが必要です。贈賄することで企業が利益を得たとしても、それは一時的なものであり、決して企業のためにはならないこと、また、現場において、そのような方法でしか事業が展開できないとすれば、その場合には潔く撤退する必要があることを社員に徹底して伝える必要があります。

そして、**贈賄リスク**が高いとみられる部門や海外拠点に関しては、贈賄を防止するため、事業活動の承認手続を明確かつ確実に行うこと、また、当該部門や拠点に関わる従業員には、特に教育や内部監査を重点的に実施することが必要です。贈賄リスクが高い地域としては、日本における過去の処罰例をみる限り、東南アジアですが、世界銀行のデータによれば、他にも、アジア諸国・アフリカ諸国・南米諸国は、リスクが高いという評価があります。また、事業を展開する海外の法制度についても、できるだけ正確に把握しておく必要があるでしょう。これらの点については、企業レベルで意識すべきことはもちろんですが、読者の皆さんも、それぞれの立場で、十分に意識する必要があるといえるでしょう。

もう一つ、親会社は、企業集団に属する**子会社でのリスク回避**について、きちんとした対策が取られているか、随時確認する必要があります。親会社は、しばしば、子会社の事業活動について、十分に把握していないことがありますが、子会社において処罰がなされるようなことになれば、親会社の資産に影響があるだけでなく、グループの企業イメージも大きく損なわれますし、さらには、贈賄行為に親会社の従業員・役員等が関与した場合には、親会社にも処罰が及ぶ可能性さえあります。また、子会社は、親会社との利益が相反していることがあり、親会社に適切な報告がなされない場合もあります（たとえば、贈賄行為が発覚することで、親会社によって子会社役員が解任されるため、保身を図る目的で親会社への報告を怠ったりする場合など)。

▶まとめ

外国公務員贈賄罪は、公務員に対する信頼の保護を通じて公務の公正で円滑な執行という国家の利益を保護しようとする刑法上の賄賂罪とは異なり、国際商取引の公正な競争を守るために、不正競争防止法に規定された、企業犯罪・経済犯罪の一種です。そのため、賄賂を受け取った外国公務員に対する処罰ではなく、不正の利益を供与した企業に属する贈賄者が処罰されることになります。

外国公務員贈賄罪は、海外で働く国際的なビジネスパーソンにとっては、身近な犯罪類型です。場合によっては、外国公務員の側から、不正の利益供与を要求されることもあるかもしれません。そのような場合、贈賄が犯罪であることをしっかり認識し、こうした要求を毅然として拒絶することが必要です（経済産業省は、拒絶が難しいときに、それを示すための**拒絶カード**[2]を作成しており、これを準備しておくことも、この犯罪を防止する一助になるでしょう）。

贈賄を拒絶することが、企業にとって正しい道であることを、個々のビジネスパーソンが意識していく必要があるといえるでしょう。

〔松澤　伸〕

2　https://www.meti.go.jp/main/rules.html

CHAPTER　9

粉飾決算

【CASE】

Ａ社は不景気のあおりを受け、急激に赤字経営に転落しました。Ａ社代表取締役Ｘは、このような経営状況を有価証券報告書に記載し公開すれば、投資家らが同社の経営危機を察知し、同社が株価急落の危機に陥るかもしれず経営回復を見込むことができない状況となることをおそれました。

そこでＸは、有価証券報告書に記載することが必要である、公開対象年度の損益を計上するにあたり、あたかも黒字の状況を達成したかのようにみせかけるため、対象年度の損失を不当にも過小計上したり、収益を現実以上に過大計上したりするなどの脚色をし、現実の経営実態とは異なる状況を有価証券報告書に記載しました。

これは「粉飾決算」と呼ばれるものですが、この場合に、どのような犯罪が成立するでしょうか？

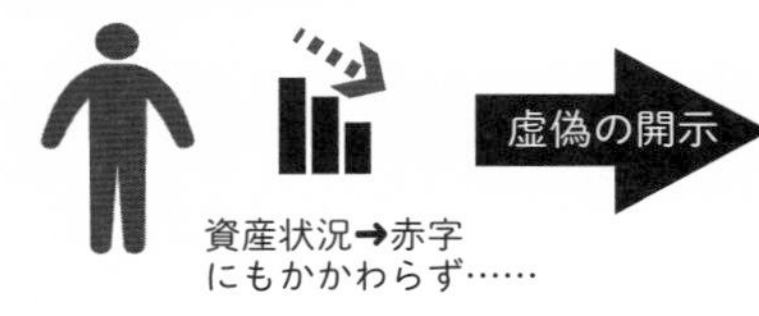

［ここに注目！］

企業は株式の募集・売出しなどにより資金調達が可能となり、投資者は株式の引き受けにより資産運用が可能となります。しかし、仮に企業の経営状況を示す公開情報が虚偽だったとしたら、投資者は正しい投資判断ができるでしょうか。そこで、企業が情報開示にあたり正しい内容を記載するよう、虚偽記載に対してあらかじめ対策する必要があるでしょう。このCHAPTERでみていく虚偽記載有価証券報告書提出罪は、企業情報を公開するための有価証券報告書等の重要な事項に虚偽記載がなされ提出されたことを処罰の対象とする犯罪です。金融商品取引法（金商法）は、このような形で、情報開示の虚偽記載への対策をはかっています。それでは、企業の情報開示に関する金商法上の罪について詳しくみていきましょう。

解説

▶投資判断と有価証券報告書の関係

投資者が株取引で投資を行おうとするとき、どのような情報を基にしているでしょうか。おそらくさまざまな情報を集め、株価が急落する等のリスクが高い株を買う事態をなるべく回避しようとつとめるのではないかと思います。そして、株価急落等のリスクは、株式を発行している会社の経営状況が危ないといったことが公になったときに、えてして生じるものです。

株式の取引に関し金融商品取引所に上場している上場会社には、会社の経営状況に関する情報を、**有価証券報告書**等で公開することが義務付けられています。投資者は、この有価証券報告書を、投資の重要な参考資料の一つにしています。しかし、経営状況が危ない会社が、もしも経営状況を良いようにみせかけたうえで(**粉飾決算**)、有価証券報告書に嘘に満ちた（いわば「盛った」）記載をしたとしたら……。【CASE】は、まさにそのような場面を念頭に置いています。

▶金商法の刑事規制のもつ意味

粉飾決算に基づいて有価証券報告書に嘘に満ちた記載をし、これを提出すれば、金商法に規定される**虚偽記載有価証券報告書提出罪**で処罰されます（金商法197条１項１号)。この罪は、有価証券を発行している企業に公開が義務付けられる自社の経営状況を、正しく公開しなかったことを罰するものです。それでは、この場合を罰することに、どのような意味があるでしょうか。そのことをより良く理解するため、そもそも金商法がいかなることを目指す法律であるかに着目するところからはじめましょう。

金商法とは、「企業の資金調達」と「国民の資産運用」のための法律であり、健全な資本市場を形成することで**国民経済の健全な発展および投資者の保護**に役立たせることを目指すものと理解できます。

企業側からすれば、株券や社債券を発行するなどの方法で投資者から資金を調達することができます。一方、投資者側からすれば、株券や社債券を引き受けることにより投資先企業を支援したり、自己の資産を運用したりすることができます。ただし、投資者側が適切な投資判断を行うには、そもそも企業側が自社の経営状況に関する重要情報を適切に公開（開示）していることが前提となるでしょう。というのも、もし企業側がそのような情報を不当に脚色して公開したとすれば、そのような重大な虚偽情報は、投資者側の投資判断にとって不当に大きなリスクとなり、ひいては健全な資本市場の形成に大きな弊害をもたらすおそれがあるからです。

そこで金商法は、企業の**情報開示（ディスクロージャー）**に関する規制を設け、その一環として、「**重要な事項**」に「**虚偽の記載**」のある有価証券報告書等を「提出」したことに刑事罰を予定しています（金商法はこのほかに、インサイダー取引規制をはじめとした、不公正取引に対する刑事罰も設けています。インサイダー取引について詳しくは、CHAPTER10でみていきます）。

▶金商法上の情報開示規制

企業側は、資金調達の方法として、有価証券の一種である「株券」や「社債券」の発行を行うことができます。そして、投資者に対して有価証券の取得を働き掛ける方法には、①新規に発行する有価証券の「募集」、②すでに発行されている有価証券の「売出し」の２つがあります。

企業には、募集・売出しに際し、有価証券届出書を提出すること（**発行開示**）や、その後については、一定期間ごとに有価証券報告書を提出すること（**継続開示**）が求められています。そして、このような発行開示や継続開示は、**投資者の適切な投資判断**や、ひいては**健全な資本市場の形成**に役立たせるために義務付けられているものといえます。

有価証券報告書は大別して二部構成になっています。

第一部には「企業情報」を記載し、第二部には（これに該当する場合に限って）「提出会社の保証会社等の情報」を記載することになっています。このうち、「企業情報」の具体的な記載内容としては、上場内国会社を例にとると、①企業の概況、②事業の状況、③設備の状況、④提出会社の状況、⑤経理の状況、⑥提出会社の株式事務の概要、⑦提出会社の参考情報を記載することになります。

▶虚偽記載有価証券報告書提出罪とは何か

これらの開示の際、「重要な事項」に「虚偽の記載」があると、投資者が適切な投資判断を行うことが困難となります。そこで金商法は、「重要な事項につき虚偽の記載のある」有価証券届出書・有価証券報告書を提出した提出義務者個人（経営者など）を10年以下の懲役もしくは1000万円以下の罰金（またはその併科）で刑事罰の対象とすることで、これを防止しようとしています。また、提出義務者個人が属する会社には、7億円以下の罰金を予定しています（金商法207条1項1号）。

この罪には金商法犯罪のなかで最も重い刑罰が予定されています。それは、有価証券報告書への虚偽記載が投資者を欺いて損害を与える点では詐欺罪（刑法246条：10年以下の懲役）（CHAPTER 5参照）に似ており、また、会社の経営者等としての任務に背く点では特別背任罪（会社法960条：10年以下の懲役もしくは1000万円以下の罰金またはその併科）（CHAPTER 7 参照）に似ていることに影響を受けています。

なお、提出された有価証券報告書等の、①「重要な事項」に虚偽記載がある場合、刑事罰だけでなく、行政制裁（課徴金等）や民事制裁の対象ともなります。これに対し、②記載すべき重要な事項が欠けている場合には行政制裁・民事制裁の対象とするにとどめ、刑事罰を予定していません。また、③誤解を生じさせないために必要な事項の記載が欠けている場合にはさらに、民事制裁のみにとどめ、この場合も、刑事罰を予定していません。このように金商法は、記載内容の不正・不備のレベルに応じて異なる法的制裁を予定することにより、情報開示規制の実効性をより一層高める方策を採っています（法的制裁の違いについて、CHAPTER15参照）。

▶「重要な事項」とは何か

虚偽記載有価証券報告書提出罪として刑事罰の対象となるのは、このように「重要な事項」の虚偽記載に限られるのですから、何をもって「重要な事項」と理解するかが第一のポイントとなります。

この点、「重要な事項」とは、**投資者の投資判断に影響を与える事項**のことであると理解されてきました。そのため、そのような影響をもたらさない一見して明らかな単純な誤字・脱字、些細な記載ミスの類は、「重要な事項」にあたらないこととなります。

ただ、投資者の投資判断への影響は、グレードを付しうるものであり、量的な判断になじむものでもあります。そこで学説ではさらに、投資者の投資判断に「著しい」影響を与える事項、「市場価格に相当の影響を与える」事項、重要な勘定科目について金額の水増し等がなされるなどにより、それが「投資者の投資判断に影響を及ぼし得る」事項といったように具体化し、「重要な事項」の内実を高いレベルのものに絞り込み、それに応じて本罪の成立を一定程度限定することをも目指す見解も提案されています。

▶「虚偽の記載」とは何か

他方、「重要な事項」とは認められても、それについての「虚偽の記載」といえない場合、虚偽記載有価証券報告書提出罪は成立しません。そこで何をもって「虚偽の記載」と理解するかが第二のポイントとなります。

「虚偽の記載」とは、**真実に合致しない記載**のことを指します。もっとも、真実に合致しない記載を一律に「虚偽の記載」と理解すると、処罰範囲を絞り込むことができず、広範に本罪の成立が認められる懸念が生じます。この点、会計ルールとして会社法が「株式会社の会計は、一般に公正妥当と認められる企業会計の慣行に従うものとする。」とし、会計実務ではそのような会計慣行（**公正ナル会計慣行**）に従って有価証券報告書等の記載を行うことが求められています。そこで、このような会計ルールに照らして、処罰の対象とすべき「虚偽の記載」を限定できるのではないかと考えられます。

たとえば、従来から通用してきた会計慣行（旧基準）に則って計算し有価証券報告書を記載したところ、その時点では新たなる会計慣行（新基準）にとってかわる過渡期にあった等の特別の事情がある場合、真実に合致しない記載全般を一律に「虚偽の記載」に含めると、旧基準に則った記載は新基準のもとでは形式的に真実に合致しない記載にあたり、「虚偽の記載」とされる可能性を払しょくできません。しかしそのような場合でも、実質的にはなおも妥当な会計ルールに則った記載であると判断できれば、それは正当な記載であって「虚偽の記載」とはいえず、また、投資者の投資判断を不当に誤らせる類の記載ともいえないと判断することができるでしょう。

▶会計的な意味での虚偽記載

そこで、本罪にいう「虚偽の記載」を、形式的に真実に合致しない記載全般を指す広い概念としてではなく、実質的に会計ルールに反する記載のことと具体化し、処罰の対象を**会計的な意味での**「真実に合致しない記載」に限定する考え方も出されています。

このような考え方からは、会計ルールで従うことが求められる会計慣行が新基準に移行する過渡期において、旧基準に則って有価証券報告書に記載し、同報告書を提出したケースでは、会計的な意味での「真実に合致しない記載」とはいえないものもあり、「虚偽の記載」にあたらないとする余地も出てくることでしょう。

▶長銀事件と日債銀事件（会計慣行が移行する過渡期の記載ケース）

実際に、そのようなケースについて判断されたものがあります。**長銀事件最高裁判決**[1]では、旧基準によって貸出金についての資産査定を行ったことが新基準の示す方向性を逸脱するものであったとしても直ちに違法とはいえず、「公正ナル会計慣行」に反する違法なものとはいえないとして無罪判決が言い渡されました。

その後も、新基準に移行する過渡期という同様の状況の下、旧基準に基づいて未処理損失額を計算して資産査定等をしたというケースが問題となった**日債銀事件最高裁判決**[2]が、新基準では許容されないが、旧基準では許容される資産査定に則って会計処理をしたことが本罪にあたるか否かをさらに審理・判断する必要があるとして、事案を東京高裁に差し戻しました。そして、差戻し審で無罪判断が下され確定しています。

1　最判平成20・7・18刑集62巻7号2101頁

2　最判平成21・12・7刑集63巻11号2165頁

なお、このような場合に、なぜ違法とならないのかの実質的な説明について、最高裁は詳しく言及していませんが、新基準に至る過渡期の状況では、新基準が、①会計「慣行」といえる実態になっていなかったとか、あるいは、②仮に会計「慣行」になっていたと判断できたとしても、斟酌すべき「唯一の」会計慣行とはなっていなかった、と説明する余地があるでしょう。

▶ライブドア事件（明確な会計ルールが存在しなかったケース）

それでは、形式的には真実に合致しない記載ではあるけれども、そこに明確な会計ルールが存在していなかった、と考えられる場合には、どのように判断されるでしょうか。裁判所はこの点を明確に争点としてはいませんが、これについても問題となったと考えられる事案に、「ライブドア事件」があります。

これは、A社の代表取締役兼最高責任者Xが、約3億円の損失があったところ、投資事業組合を介して売却した子会社株に関して（損益勘定の売上げとして計上することが認められないのに）A社の連結決算上の売却益として約36億円、他の架空売り上げとして約15億円を計上するなどして、経常利益を約50億円とする有価証券報告書を提出した事案でした。

本件では下級審が、投資事業組合は会計処理に関し、法の網を潜り抜けるため脱法目的で組成された組織だと判断し、ここでの取引の実態は自社株取引であり、本来は損益勘定に計上することが許されないA社株の売却益を違法に利益計上したとして、虚偽記載有価証券報告書提出罪の成立を認め、最高裁もこの判断を維持しました[3]。

もっとも、この判断に対しては、その当時の会計関連の文献等

3　最決平成23・4・25 LEX/DB 25471531

に照らすと、会計学上、このような計上の仕方に関する明確なルールが存在していなかった疑いがあり、「一般に公正妥当と認められる企業会計の基準」であるか否かが「虚偽の記載」の法令解釈を基礎付ける以上、このような計上がなぜ「虚偽の記載」にあたるかを、会計ルールの観点から明確にして判断すべきであったとの指摘もあります。

▶監査人による共犯

さて、虚偽記載有価証券報告書提出罪は、関連書類の「重要な事項につき虚偽の記載のあるものを提出した」ことを処罰の対象としますが、「提出」を義務付けられるのは、有価証券の「発行者」個人であると理解されています。

提出義務者（発行者）個人が虚偽記載有価証券報告書を提出する場合、その人がこの犯罪を主導した者（正犯）となります。一方、提出義務者（発行者）と共同したり、加担したりするなど、複数人で犯罪を遂行した場合には、この罪の共犯となります。

共犯にも、3パターンあります。①複数人がそれぞれに共同して犯罪を主導したといえる場合には「共同正犯」（刑法60条）として共犯のなかでも一番重く処罰されます。その一方、②ある人をそそのかし、その人に犯罪に出る決意をさせ、現実に犯罪を実行させた場合には「教唆犯」（刑法61条）、③すでに犯罪に出る決意をしている人に、物品や情報を提供したり応援したりするなどして助け、犯罪実行を容易にさせた場合には、「従犯（幇助犯）」（刑法62条）となります。教唆犯と従犯は、犯罪を主導せず、あくまで主導している「正犯」に加担したにとどまる点で共同正犯よりも軽い犯罪類型です。一方、教唆犯は未だ犯罪を決意していない人に犯罪を決意させ実行させた点で、犯罪を決意している人を助けたにとどまる従犯に比べて重く処罰されることとなります。

そこで、監査人（公認会計士）が、提出義務者（発行者）が虚偽記載した財務諸表等に**監査証明**（適正意見や有用意見）を付し、虚偽記載有価証券報告書等にお墨付きを与えることになった場合、監査人も共犯として処罰の対象となることがあり得ます。それでは、こうした監査人はどのパターンの「共犯」にあたると考えられるでしょうか。

▶監査証明がもつ意義

そもそも金商法は、開示情報の真実性・信頼性をより一層高めるための制度として、財務書類の作成者に対し発行者と**特別の利害関係のない公認会計士または監査法人**の監査証明を受けなければならないことを義務付けています。

ところが、このような制度の意義を潜り抜け、監査人が発行者と共謀のうえ、虚偽記載に対する監査証明として適正意見を付すなどして積極的あるいは消極的に加担する場合、虚偽記載をした提出義務者が虚偽記載有価証券報告書提出罪の正犯（犯罪を主導した者）となるだけでなく、上記の監査証明を付した監査人も、同罪の「共犯」となる可能性があるわけです。

▶キャッツ事件

実際に裁判所で問題となったのは、監査法人の代表社員である公認会計士Xがどのような意味で虚偽記載有価証券報告書提出罪等の共犯となるかが争点となった事案でした[4]。

被告人であるXは、A社と会計監査契約を締結している監査法人甲の代表社員という立場の人物です。①Xが会計監査契約を結

4　最決平成22・5・31集刑300号191頁

んでいるＡ社の代表取締役Ｂは、以前にＡ社から約60億円を借受けていたのにその返済のめどが立たず、額面30億円分のパーソナルチェック（決済につき届出印押印不要の個人小切手）２通をＡ社に対し振出し、これによりＡ社に60億円の返済があった旨の会計処理をしていました。またＢは、そのパーソナルチェックを現実に決済できるだけの資力がなかったのに、Ｃや、Ｃの経営するＤ社にこのパーソナルチェックを預けるなどして、２つ分の額面60億円の預託等を仮装したり、また、Ｃの経営するＥ社株を書類上はＡが60億円で買い取り、これを本件パーソナルチェックで支払うこととしたうえ、これらの仮装された動きを記載した貸借対照表を掲載した有価証券報告書等を作成するなど、虚偽の記載をしていました。②Ｘは、この段階で、関連の財務諸表に適正意見等を付しました。

ここでは、Ｘの②の行為が、①のように実体のない財産の動きを記載し提出したＢらとの間で、虚偽記載有価証券報告書提出罪の共同正犯（複数人で犯罪事実の実現を主導したこと）となるかが争われたわけです。

最高裁は、Ｘには、①ＢがＡ社から借り受けた60億円をＡ社株の買い取り資金に充てたこと、②Ｂには60億円を現実に調達する能力がなく、したがって本件パーソナルチェックが無価値のものであること、③Ｄ社への60億円の預託は仮装されたものに過ぎないこと、④Ｅ社株の買収はＢの資金でもって行われ、本件パーソナルチェックの対価として行われたのではないこと等の認識があり、⑤これら60億円の会計処理はＸがＢらに対して助言や了承を与えてきたものであり、虚偽記載を是正できるのに、自分の認識を監査意見に反映させることなく適正意見等を付した事実が認められ、このような事実のもとでは、Ｘに（Ｂらとの間で）虚偽記載有価証券報告書提出罪等の共謀が認められ、共同正犯になると判断しました。

▶「二重責任の原則」との関係

ところで、有価証券報告書の財務諸表の作成責任は主として提出義務者（発行者）側にありますから、有価証券報告書の記載内容に主として責任を負うのは提出義務者（発行者）（主に「会社側」）だ、ということになります。そのうえで、監査人に求められる責任は、有価証券報告書等の確認・審査のみであるということになります。このように、提出義務者（審査を受ける会社側）と監査人（審査側）の間での、有価証券報告書等の作成とその確認についての役割分担を、「**二重責任の原則**」と呼びます。

監査人が虚偽記載有価証券報告書の監査証明に適正意見を付したケースでも、場合によっては「二重責任の原則」の観点から判断することが適切だと考えられる場面もあるでしょう。監査人が結果的に虚偽記載のなされた有価証券報告書に対し適正意見を付したとしても、審査手続き自体には間違いがなく、したがって内容の不適正さの責任は提出義務者（発行者）側にのみ認められるという場合もありうるからです。そうすると、結果的に虚偽記載がなされた有価証券報告書に対し適正意見を付したことが常に作成側に共犯者としてのお墨付きを与え、虚偽記載有価証券報告書提出罪の共同正犯となるというわけではないという場面があるように思われます。

しかし、実際に判例で問題となった上記のケースでは、Xには、監査人の立場でかなり積極的にBらの本件虚偽記載・提出に関与していたという実態を認めることができます。このような場面では「二重責任の原則」が妥当しないと考えられることにも照らすと、Xに同罪の共同正犯を認めた最高裁の判断は妥当であったといえるでしょう。

▶まとめ

【CASE】のXは、投資判断にとって「重要な事項」となる経営状況を粉飾し、会計的な意味でも真実に合致しない事実を有価証券報告書に記載し、提出しました。このことによって、Xには虚偽記載有価証券報告書提出罪が成立するわけです。

ところで、今回の【CASE】では危機的な経営状況を隠すための粉飾決算が基になっていましたが、そのような粉飾決算から、虚偽記載有価証券報告書提出罪以外の犯罪につながることもあります。たとえば、危機的な経営状況が株主にバレないようにするため、株主への配当をこれまでどおりの内容で行うといった場面です。

会社法では、**会社内部の資本を維持**させるため、会社法が許容している分配可能額（配当可能な剰余金を基礎として算定するもの）の範囲内で配当することを求めており、分配可能額を超えた配当は「**違法配当罪**」として処罰されます（会社法963条5項2号）。そこで、これまでどおりの内容で分配できるだけの資本（これを「剰余金」といいます）がないにもかかわらず、粉飾決算をしたうえで剰余金が潤沢であるかのようにみせかけて有価証券報告書に虚偽記載・提出し、これを踏まえて配当を行えば、虚偽記載有価証券報告書提出罪のほかに、違法配当罪が成立することになるわけです。株式会社や株取引のシステムはさまざまなルールが絡み合って成り立っていることも感じ取ってみてください。

〔小野上真也〕

CHAPTER 10

インサイダー取引

【CASE】

M社専務取締役Xは、自分と妻Yの名義でM社株を保有していました。ところが、M社臨時取締役会の席上、M社代表取締役Aから、同社の営業活動の中心であった電子機器部門の売り上げとして約40億円が架空計上されており、その結果、M社に約30億円の資金不足が生じることとなった、との報告を受けました。これはM社の経営危機につながる重要な情報ですが、臨時取締役会で報告された段階では、関係者だけが知る内部情報にとどまっていました。この情報がひとたび公表されれば、M社株を保有する一般株主らがリスクを回避するためこぞって株式を売却することも予想されます。そうなれば、M社の株価は急落することにつながるでしょう。

そこでXは、内部情報の公表後に予想される株価急落で自分たちに損失が生じることをおそれ、一般株主がこの情報に接する前にM社株を売却し、損失を回避しようと企てました。そしてXは、内部情報の公表に先んじてM社株をいち早く売り抜ける、という手段をとりました。それによりXおよびYは、情報公表後に生じたはずの約1800万円分の損失を免れました。

その後M社の架空計上・資金不足に関わる内部情報が公表されると、案の定M社の株価が急落し、M社株をもつ一般株主らは大きな損失を被りました。一方XやYは、重要な内部情報をもとにして損失を免れたわけです。しかし、ＸやＹが内部情報を利用し一般株主を出し抜いて損失を免れることは、許されるのでしょうか？

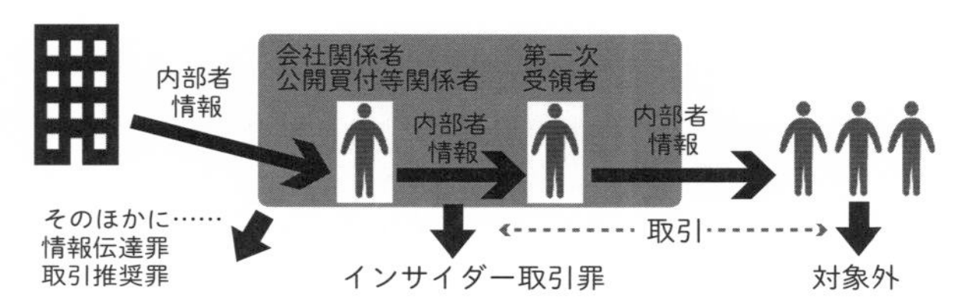

〔ここに注目！〕

ときおり世間を賑わす経済犯罪に、インサイダー取引罪があります。インサイダー取引は金融商品取引法（金商法）で規制される不公正取引の一つですが、具体的にはどのような経済犯罪でしょうか。

企業の発行している株式は、一般投資家のみならず、その企業の関係者（役職員等）も購入することができます。しかし、一般投資家に比べて、そうした関係者の方が会社の内部にいるだけに、株式の発行会社の詳細な資産状況などのような重要な情報に接しやすい立場にあることもたしかです。

そこで、そうした立場を悪用して、会社の内部者が自分たちだけが知る情報をもとに、①その会社が近く他の有力企業と合併することになっているので株価が急騰するだろうともくろみ、合併の情報が公表される前に自社株を購入しておけば、そのような情報にあらかじめ接していない一般投資家にくらべて、内部者の方が利益を得やすくなるでしょう。反対に、②冒頭の【CASE】のように、その会社が経営危機に陥りそうであるので、株価が急落するだろうと懸念し、架空計上・資金不足の情報が公表される前に自社株を売却しておけば、そのような情報にあらかじめ接していない一般投資家にくらべて、内部者の方が損失を免れやすくなるでしょう。

読者の皆さんは、①②の場面で内部者だけが得をするのは、「ズルい」と感じますか？　この場面では、「インサイダー取引」（内部者取引）が問題となっています。このCHAPTERでは、内部者だけが得をするズルさを金商法がどのように規制しているかをみていきます。

解説

▶ インサイダー取引とは

金商法が規制の対象としている**インサイダー取引**とは、会社の役職員等の「**会社関係者**」や、「**公開買付者等関係者**」といった立場にある者が、その職務等に関して得た、投資判断に影響を及ぼす可能性のある未公表情報を利用して株の売買などを行う場合をいいます。また、会社関係者や公開買付者等関係者のみならず、それらの人達から未公表情報の伝達を受けた第一次受領者がその情報を利用して取引を行うことも、インサイダー取引規制の対象に含まれます（金商法166条、167条、197条の2第13号）。

このうちでインサイダー取引罪のわかりやすい例は、会社内部者（会社関係者）が自分たちだけが知る情報で不公正な取引を行なった場面でしょう。【CASE】では、M社の一般株主や、M社株の購入を検討している一般投資家らは、投資判断にとって重要な未公表情報（M社の架空計上・資金不足に関する情報）に接することができていません。そのような中、会社関係者だけが知ることのできる未公表情報を利用してXが損失を免れたのでは、株主や一般投資家らからすれば、「Xだけズルい」と感じることでしょう。しかし、金融商品取引市場は、本来、すべての投資家にとってチャンスもリスクも平等であるからこそ健全に運営できるものです。そのため、インサイダー取引のような不公正な取引がひとたび行われてしまうと、**金融商品取引市場の公正性や健全性**が損なわれることとなり、ひいては、**金融商品取引市場に対する投資家の信頼**を失うまでに至るといえるでしょう。この事態を未然に防止することこそが、インサイダー取引を処罰の対象とする理由だとされています。

▶一定の身分がある場合だけが処罰されるインサイダー取引罪

インサイダー取引罪の第１の特徴は、未公表の重要情報を利用して取引するすべての人を処罰の対象にしていないことです。あくまで、一定の身分をもつ者（会社関係者、公開買付者等関係者、それらの者から情報を受けた第一次受領者）に限定して処罰されるにとどまります（これを「**身分犯**」といいます）。そのため、第一次受領者から未公表情報を聞いた人達（第二次受領者）や、それ以降さらに転々とする未公表情報を聞いた人達がその情報を利用して取引を行っても、金商法に処罰規定はなく、処罰されません。

それは、第一次受領者を超えて転々とする情報を得て取引するすべての人を処罰の対象にすれば、あまりにも処罰範囲が広がってしまい、かえって金融商品取引への萎縮効果が生じてしまうと考えられたからです。このように、インサイダー取引罪の成立に一定の身分を要求することで、その成立範囲を一定程度絞り込んでいるのです。

▶取引行為それ自体を処罰の対象

インサイダー取引罪の第２の特徴は、あくまで未公表情報を利用して「取引」を行えば成立するところにあります。【CASE】のように、Ｘが現実に損失を免れるという利益を得たことまでは必要ではありません。そのため、未公表情報の公表後も株価は変わらず、結局のところインサイダー取引によって利益も損失も生じなかったという場合であっても、インサイダー取引が行われさえすれば、インサイダー取引罪の成否に影響はないということになります。

このような規制方法になっているのは、なぜでしょうか。それは、インサイダー取引行為自体が行われれば、それだけですでに、金融商品取引市場の公正性・健全性が損なわれ、投資家の信頼を失うおそれが生じており、その後現実に運用益を不正に得たとか損失を不正に免れたといった事態に至ってはじめて公正性・健全性が損なわれるのではないと考えられているからです。

▶複雑なインサイダー取引罪規定

ただ、インサイダー取引罪の規定はかなり複雑です。さらに、インサイダー取引罪が成立するかどうかを確定するには、金商法だけでなく、金商法施行令や有価証券の取引等の規制に関する内閣府令など、複数の規定を読み込む必要さえあります。

そのような詳細・複雑な規定ぶりになったのは、インサイダー取引罪の立法経緯に理由があります。インサイダー取引は元々、内部者の「役得」のようにとらえられ、いまほどに悪いこととして考えられていなかったフシがあったためか、インサイダー取引罪が明文で規定されたのは、平成に入る直前の昭和63（1988）年のことでした（当時の証券取引法）。それまでの時代でも、たしかに、有価証券等の売買等について「不正の手段、計画又は技巧をすること」を処罰する規定でインサイダー取引を処罰することは可能という見解もありました。しかし、この規定の文言は、対象場面を幅広く（包括的に）設定しているため、これではかえって処罰範囲があいまいになるとして、その使いづらさが懸念されていました。そのため、この規定で実際にインサイダー取引が規制されたことはなく、日本は国際的に事実上インサイダー天国になっているとさえいわれていました。

しかし、（インサイダー取引罪が作られる前の）昭和62（1987）年

8月には、自社の損失情報を公表する前に保有していた自社株を売り抜けて自身の損失を免れた取締役の事件も生じ、インサイダー取引罪を明文で規定すべきだとするニーズも高まっていました。そこで、日本で採られたのが、包括的な規定ぶりによる使いづらさを回避し、規制の対象とするインサイダー取引を具体的に類型化するという方式でした。その結果、きわめて詳細かつ複雑な規定ぶりとなったのです。

▶インサイダー取引罪と情報伝達罪・取引推奨罪

もっとも昭和63（1988）年の立法当初、インサイダー取引罪として規制対象とされたのは上場株券等の取引上場有価証券のみであり、また、規制される者も発行会社の会社関係者と情報受領者のみというように、処罰範囲が現在よりも限定されていました。その後、規制対象や規制される者を拡充する等の改正を経て現在に至っています。

たとえば、未公表情報を利用して実際にインサイダー取引を行なった場合だけでなく、自身ではインサイダー取引を行わないが、誰かにその情報を伝達したり、取引を奨めたりして、インサイダー取引行為を行わせた場合も、内部情報の不公正な利用の一場面といえるでしょう。そこで、内部情報の不公正な利用への規制はより広がり、平成25（2013）年の金商法改正で、未公表の重要事実の伝達等を禁止する情報伝達行為規制として、情報の伝達や取引の推奨自体を処罰の対象とする、**情報伝達罪**や**取引推奨罪**も新設されました（金商法167条の2、197条の2第14号・15号）。このように、金商法上のインサイダー取引規制は、次々と拡充されています。

▶インサイダー取引罪の成立要件

現在、金商法が規制しているインサイダー取引罪は、おおむね、①**会社関係者**（上場会社等の役員・代理人・使用人その他従業員など）によるインサイダー取引罪、②**公開買付者等関係者**によるインサイダー取引罪、③（会社関係者・公開買付者等関係者からの）**第一次受領者**によるインサイダー取引罪の３つに分かれます。

「会社関係者」のインサイダー取引罪は、会社関係者がその業務等に関連する職務等に関して重要事実を知ったにもかかわらず、重要事実の公表前に株式等の売買やデリバティブ取引をする場合を処罰の対象とし、５年以下の懲役、500万円以下の罰金またはその併科という刑罰が予定されています。

「公開買付者等関係者」は、会社関係者のような会社内部者ではありません。もっとも、**公開買付け（TOB: Take-Over-Bid）**は、企業買収のように企業の株式の大量購入を進める場面で用いられることが多く、株価に大きな影響を与える可能性のある取引でもあります。そこで公開買付等関係者が公開買付けを実施またはいったん決定された公開買付けを中止するといった重要な情報が公表される前に、この情報を利用して株式売買を行う場面も会社関係者のインサイダー取引に類する「ズルさ」が生じます。そこで、同じ刑罰で処罰の対象とされています。

また、情報受領者のインサイダー取引罪処罰について、会社関係者および公開買付者等関係者からの情報の第一次受領者に限定されていますが、このような第一次受領者によるインサイダー取引は、会社関係者に類するインサイダー取引といえますので、やはり①②の場合と同じ刑罰が予定されています。なお、情報伝達罪や取引推奨罪についても、①②③に予定されている刑罰と同様です。

これら、特に①②のインサイダー取引罪の成否については、職務に関し知った未公表の重要事実を利用したインサイダー取引を処罰の対象としていますから、とりわけ、何が「重要事実」にあたるか、どのような場合にインサイダー取引規制が解除される「公表」がなされたといえるか、また、そもそも「その者の職務に関し」重要事実を知ったとはどのような場合か、の判断が重要となります。

▶重要事実とは

インサイダー取引罪が成立するには、「**重要事実**」にわたる内部情報を用いた取引が行われたのでなければなりません。上場会社等の業務に関する「重要事実」とは、投資判断にとり重要な影響を及ぼすものを指し、**ⓐ決定事実、ⓑ発生事実、ⓒ決算情報、ⓓ包括条項（バスケット条項）**の４つに分かれます。インサイダー取引罪を具体的に類型化して処罰の対象とする立法経緯から、まず、ⓐ〜ⓒのように具体的なものが挙げられていますが、それに加えてⓓも含めることで、ⓐ〜ⓒでは補捉しきれない情報を用いたインサイダー取引もカバーしようとしています。

▶決定事実とは

まず、**ⓐ決定事実**とは、「業務執行を決定する機関」（上場会社等）が、新株発行や資本金等の減額や会社の合併等をはじめとする「事項を行うことについての決定」や、「行わないことを決定」をしたことを指します。

行うこと「の」決定ではなく、行うこと「についての」決定であることから、たとえば他者との合併を行うことが取締役会で最終決定されてはじめて本条の「決定」と判断されるのではなく、それ以前に合併の検討をはじめるよう「業務執行を決定する機関」が指示したという段階でも、合併を行うこと「についての」決定にあたることとなります。

また、「業務執行を決定する機関」とは、取締役会のように会社法所定の決定権限が認められる機関が典型ですが、判例によればそうした機関に限られず、「実質的に会社の意思決定と同視されるような意思決定を行なうことのできる機関であれば足りる」とされています（日本織物加工事件[1]）。

この判例は「会社関係者」によるインサイダー取引罪に関するものですが、「公開買付者等関係者」によるインサイダー取引罪に関する判例では、「公開買付け等の実現を意図して、公開買付け等又はそれに向けた作業等を会社の業務として行う旨の決定がされれば足り、公開買付け等の実現可能性があることが具体的に認められることは要しない」というように、日本織物加工事件判決の判示よりもさらに踏み込んで、公開買付けを実施することに向けた「決定」は、公開買付けが実際に実現する可能性を含まないで判断されうることが示されました（村上ファンド事件[2]）。

▶発生事実とは

次に、**ⓑ発生事実**とは、たとえば、災害に起因する損害や業務遂行の過程で生じた損失といったような事実のことです。なお、ⓐ決定事実やⓑ発生事実に形式的には当てはまる場合でも、関係法令が規定する基準（**軽微基準**）に照らして、「重要事実」のレベルに達していない軽微な事実と判断される場合、そのような情

1　最判平成11・6・10刑集53巻5号415頁
2　最決平成23・6・6刑集65巻4号385頁

報を知って取引行為を行なっても、インサイダー取引規制の対象外となります。

▶決算情報とは

また、**ⓒ決算情報**とは、上場会社等の売上高等（売上高、経常利益若しくは純利益）、剰余金の配当、またはその上場会社等の属する企業集団の売上高等について、公表がされた直近の予想値（予想値がない場合は、公表がされた前事業年度の実績値）に比較して、その上場会社等が新たに算出した予想値または当事業年度の決算において差異が生じたことを意味するものです。

ただし決算情報は、投資者の投資判断に及ぼす影響が重要なものとして、関係法令で定められている基準（**重要基準**）にあたる場合に限られます。そのため、この基準に該当しない場合には決算情報から外れ、重要基準を満たさない情報を知って取引行為を行なったとしても、インサイダー取引規制の対象外となります。

▶包括条項（バスケット条項）該当性

金商法はさらに、決定事実・発生事実・決算情報に該当しない場合でも、上場会社等の運営、業務または財産に関する重要な事実であって、投資者の投資判断に著しい影響を及ぼすものを包括的に「重要事実」として取り込めるようにしています。これは、決定事実・発生事実・決算情報に当たらない場合にも、重要事実として包括的に受け入れるという点で、**ⓓ包括条項（バスケット条項）**と呼ばれます。

たとえば、過年度の決算数値に誤りがあることが発覚した場合、このことは決定事実・発生事実・決算情報のいずれにも該当しません。しかし、上場廃止のおそれや信頼低下、今後の業務展開に重大な影響を及ぼす可能性があり、投資者の投資判断に著しい影響を及ぼす事実であり、包括条項に該当するといえます。

冒頭の【CASE】の実際の事案（マクロス事件[3]）では、約40億円の架空売上げが計上されていたことは、決定事実・発生事実に該当するとは言い難く、また、決算情報として、挙げられる業績の予想値の変化として評価するだけでは到底足りないものであり、むしろ、同社の年間売上見込み（230億円～290億円）や、経常利益見込み（20億円）という会社の規模に照らすと投資者の投資判断に著しい影響を及ぼすものとして、包括条項に該当すると理解するのが相当だと判断されています。

また、日本商事事件では、A社が有力製品として期待していた新薬について副作用症例が発生したことについて、被害者に対する損害賠償の問題となりうる点では発生事実に関連するものの、軽微基準を超えておらず発生事実とは判断できないが、同社の製薬業者としての信用を低下させ、今後の業務展開や財産状態に重要な影響を及ぼすことを予測させるものであり、投資者の投資判断に著しい影響を及ぼすとして、包括条項に該当すると判断されています[4]。

▶公表

次に、「公表」についてみていきましょう。未公表情報が「公表」されれば、もはや内部情報ではなくなります。そこで、そのような「公表済み情報」を利用した取引については、「未公表情報」の不公正利用に対するインサイダー取引規制が解除されることとなります。この点、「公表」されたといえるためには、上場

3　東京地判平成4・9・25判時1438号151頁

4　最判平成11・2・16刑集53巻2号1頁

会社等が次のいずれかの措置をとることが必要です。

① 多数の者の知りうる状態に置く措置として、ⓐ２つ以上の報道機関に対して重要事実を「公開」し、12時間が経過したこと、または、ⓑ重要事実等・公開買付け等事実の通知を受けた金融商品取引所が、電磁的方法で、それら重要事実等を公衆の縦覧に供したこと。

② 所定の開示書類に重要事実が記載されている場合、この開示書類が公衆の縦覧に供されたこと。

なお、判例では、上場会社が「公表」に向けた前提措置として、重要事実を報道機関に伝達するにあたり（上記の①ⓐの場面）、情報源である社名を秘匿して報道することを前提としていた場合でも、「公表」の前提となる「公開」にあたるかが争われたものがあります。そこでは、情報源を秘匿することを前提とした伝達は、インサイダー取引規制に関する法令の趣旨に反しており、「公開」には当たらないとされました[5]。したがって、このような場合、なおもインサイダー取引規制は解除されないこととなります。

▶職務関連性（「その者の職務に関し知つた」）

インサイダー取引罪とされるためには、重要な内部情報を「その者の職務に関し知つた」ことが必要です（**職務関連性**）。そのため、職務とは全く無関係に内部情報を得たうえで取引したとしても、インサイダー取引罪は成立しません。たとえば、社外で他部署の社員が会社の合併に関する内部情報を同僚と話し合っていたのを偶然聞き及んだ場合は、インサイダー取引規制の対象とならないわけです。

なお職務関連性は、情報伝達罪でも要求されています。判例で

5 最決平成28・11・28刑集70巻７号609頁

は、証券会社社員Xが、①自分の所属する部署内の社員が閲覧可能な担当業務一覧表を通じ、部署内の他の社員Aが公開買付け案件を担当していることを知り、それをきっかけに、②その後、Aが上司と電話の最中に不注意でこの案件の公開買付者がBであると発言したことを聞いて公開買付者をBと特定し、③さらに、X自身でインターネット検索を通じてB社の有価証券報告書を閲覧して公開買付けの対象会社がC社であることを特定し、④この未公表情報を知人のDに対し、あらかじめC社の株券を買い付けて利益を得させる目的で伝達した（その後Dはこの情報の公表前にC社株を買い付けた）、という公開買付者等関係者による未公表情報伝達の事案で、Xが以上の一連の経緯で獲得・特定した個別情報を組み合わせて最終的に未公表情報を知ったことは、金商法の目的に照らし「その者の職務に関し知つたとき」にあたるとされています[6]。

▶まとめ

このように、インサイダー取引罪は、会社関係者・公開買付者等関係者・第一次情報受領者が、その職務に関して獲得した投資判断に影響を及ぼしうる未公表情報を利用して取引を行う場合を中心に処罰の対象としています。インサイダー取引を規制することで、金融商品取引市場の公正性・健全性を確保し、金融商品取引市場に対する投資者の信頼を確保することが目指されていますが、その一方で、インサイダー取引罪の成立範囲が広がりすぎないよう、要件も詳細に規定されています。

冒頭の**【CASE】**をインサイダー取引の成立要件に照らしてまとめると、①XはM社の専務取締役であり、「会社関係者」のイ

6　最決令和4・2・25刑集76巻2号139頁

ンサイダー取引罪が問題となる、②架空計上・資金不足という情報は、決定事実・発生事実・決算情報のいずれにも当たらないものの、投資判断に著しい影響を及ぼす情報として「包括条項」にあたる「重要事実」である、③この重要事実が、２つ以上の報道機関に公開されその後12時間が経過した、金融商品取引所に通知され電磁的方法で公衆の縦覧に供された、また、開示書類に記載され公衆の従来に供されたといった状況が認められず、「公表」されていない、④この重要事実は、Ｘが臨時取締役会の職務内容として知ったものである以上、職務関連性も認められるという点から、Ｘにインサイダー取引罪の成立が認められることになります。

インサイダー取引罪の成立要件は、やや詳細・複雑ですが、このCHAPTERの解説も参考にしながらよく整理して考えてみてください。

〔小野上真也〕

CHAPTER 11

カルテル

【CASE】

A社は軸受（ベアリング）の製造・販売を営む大手企業の一つです。軸受は、工作機械や自動車等の回転部分で生じる摩擦を少なくするために使われる重要な部品で、「機械産業のコメ」と呼ばれることもあります（子供の頃、電池で走る自動車模型で遊んだことがある読者のなかには、シャーシとシャフトの間に特別な軸受を使って少しでもスピードを出そうとした経験がある方がいるかもしれません）。軸受の用途や品質・性能はさまざまで数十円で買えるものから10万円を超えるものまであります。日本では、こうした軸受の８割以上を、A社、B社、C社、およびD社が製造・販売していました。Xは、A社の取締役でしたが、最近、軸受の原材料である鋼材の価格が20％ほど上昇してきたことに悩んでいました。日本経済が長期的な不況にあるなかA社の経営も決して楽ではなかったため、Xは、「鋼材が値上がりしたぶん、軸受の価格を引き上げなければならない」と考えるようになりました。けれども、A社だけが値上げをしたらライバルにシェアを奪われてしまうかもしれません。そこで、Xは、他社の担当者と話合いを重ね、４社が共同して軸受の価格を引き上げることを合意し、A社ら４社は、この合意に基づいて、５年以上にわたり、鋼材が値上がりするたびに軸受の価格を６％ほど値上げしていきました。Xの行為は犯罪となるでしょうか。また、A社も処罰されるでしょうか。

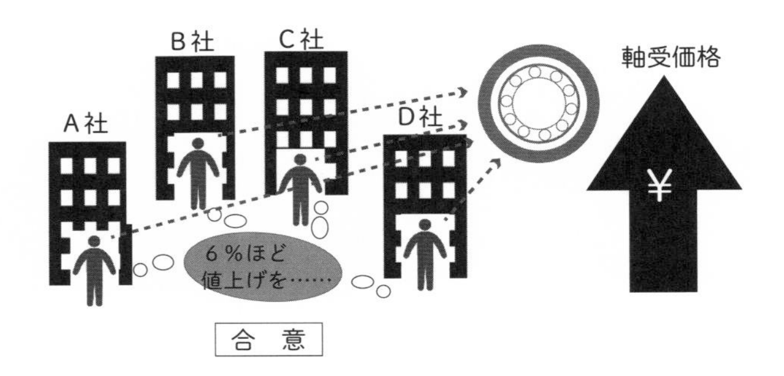

〔ここに注目！〕

企業は、資本主義市場経済のもと、より良い商品・サービスをより安く提供するよう自由に競争しながら利益を得ようとします。しかしときには、原材料の値段が急に上がるなどして経営が苦しくなることもあるでしょう。そうしたとき、企業が互いに事業活動の足並みをそろえて競争を止めることにより利益の確保を図ろうとすることがあります。こうした行為を「カルテル」といい、場合によっては犯罪となります。企業が利己的に行動するのは当然のことですし、誰かの物を盗んだりしたわけでもないのになぜ処罰されるのでしょうか。また、そのような犯罪に問われるかどうかを考えるうえで大事になるポイントはどこでしょうか。

解説

▶資本主義市場経済と消費者

日本は資本主義の国であって、企業が市場で自由に競争することによって豊かな経済を実現しています。たとえば、皆さんは、

「今度の休日はスキーに行こうかな、それとも登山にしようかな」、「泊まるのは、ホテルがいいだろうか、でも旅館もあるぞ」、「食事はどうしよう……富山の冬はブリが美味しいよ、しかしモツ煮込みうどんも捨てがたいな」、「移動には何を使おう……電車も便利だけど、バスでも行けるな」と、財布と相談しながら、どのようにしてより大きな満足を得ようか楽しく悩んだことはないでしょうか。このように、私たちは市場経済のもとで、安くて良い商品・サービスをさまざまな選択肢のなかから購入しようとします。こうした多彩な商品・サービスは、それぞれの企業がみずからの利益を得るためにどうすれば消費者が購入してくれるかを考えて自由に競争を重ねた結果もたらされたものです。市場における企業の自由競争は、私たちの利益につながるものでもあります。

▶私的独占の禁止及び公正取引の確保に関する法律

ですが、企業もボランティアで活動しているわけではありません。辛い競争などしたくない気もちもあることでしょう。ひょっとすると、コロナでお客が減っていた旅行業界の企業などは、日常が戻って忙しくなった現在は、できれば一息つきたいと思っているかもしれません。そのような気持ちを一概に否定することはできませんが、日本では企業が市場で競争するという資本主義経済にとって欠かすことのできない状態を維持するために、独禁法(正式名称は、「私的独占の禁止及び公正取引の確保に関する法律」といいます)が定められています。

独禁法によって、たとえば、スキー場へ行くための電車を走らせている会社が、同じ道筋に沿ってバスを運行する会社の株を半分以上取得してその経営を支配し、電車とバスの間で競争が起きないようにしてしまうことや(**企業結合行為**――競争の実質的制限が起こりやすくなる株式取得)、美味しいブリを卸している業者が旅館に対して「他の商品も買ってくれなければ取引しませんよ」と迫って白エビまで買わせてしまうこと(**不公正な取引方法**——優越的地位の濫用)などが禁止されます(以上、10条、2条9項5号参照)。こうして、競合他社を減らして競争が生ずる可能性を低くしたり、強い立場にある企業が不当な要求をして取引相手からフェアな競争をする意欲を奪ったりすることが防がれているわけです。

さらに進んで、競争それ自体を直接に制限する行為も当然に禁止されます。たとえば、「コロナで登山客が減っていたぶんしばらく値上げしたい」と考えた大きな山小屋Aが、コロナ後も価格を据え置いて事業拡大を狙う山小屋Bを排除しようと考え、山小屋C、山小屋D、および灯油の卸売業者Eと結託し、「A、C、Dによる宿泊料の引き上げに加わろうとしない山小屋Bに対して、Eは灯油を提供しないものとする」と取り決めてその経営を困難にすることは**私的独占**として、また、「コロナ後でスキー客が増えているこの機会に」と考えたスキー場周辺のホテル甲、乙、丙、丁が申し合わせをして一斉に宿泊料を引き上げることは**不当な取引制限**として、それぞれ禁止されます(以上、2条5項、2条6項参照)。このうち不当な取引制限がこのCHAPTERで解説するカルテルに適用されるわけですが、ここでは、それが私的独占とともに**刑罰が科される犯罪行為**になりうることを指摘しておきます。企業犯罪に科される各種の制裁についてはCHAPTER15で解説します。

▶カルテル規制の運用

もっとも、自由競争をどのくらい積極的に促進すべきかは時と場合によりけりです。昭和42(1967)年に連載が開始された「天才バカボン」という漫画には、主人公らが妻の出産等にかかる費用を稼ぐために屋台で蕎麦を売り歩く場面が出てきます。このように、国民がまだ豊かになっていなかった時代には、日本の政府は**産業保護政策**を通して鉄鋼業や重化学工業等の分野で大手企業を育成するとともに、不況が訪れた時はカルテルも容認して諸企業の経営を守っていました。

こうした政策は製造業の発展と輸出の振興をもたらして日本の経済発展を促しましたが、企業がカルテルによって利益を得るために都合の良い環境を提供してきたともいえます。カルテルが生みだす利益は自由な競争が行われていたなら消費者らが支払うはずのなかった対価に由来するものです。このことは昭和48(1973) 年の**オイルショック**によって痛感されました。原材料価格の上昇に対応するために企業によって結ばれたカルテルは物価の高騰を惹き起こしましたが、このときの物価高騰を鎮めてほしいという世論の後押しをうけた公正取引委員会は積極的なカルテル摘発に踏み切りました。大手石油会社が関与した**石油価格カルテル事件**[1]の刑事告発も行われています。

その後1980年代には、日本経済は「ジャパン・アズ・ナンバーワン」とも評された空前絶後の繁栄をみせましたが、こんどは、メイン・バンクに率いられた企業集団による系列的な取引慣行が、欧米諸国から「閉鎖的・排他的でズルい」と批判されるようになりました。結局、平成元 (1989) 年にはじまった**日米構造協議**を契機として、自由競争を重視する方向にむかって変化を余儀なくされます。

さらに2000年代に入ると、人、商品・サービス、および資本が国境を越えて自由に移動する**グローバル経済**の時代が到来したこ

1 最判昭和59・2・24刑集38巻4号1287頁

ともあって、日本でも自由な競争環境を整えることの重要性が自覚されるようになりました。

「天才バカボン」が始まった頃のように政府の産業政策が経済成長のために大きな役割を果たす時代が過ぎ去った現在、企業は市場で自由に競争すべきであって、カルテルは許されないという規範はしっかりと定着しました。ただし、そうした状況も歴史の流れのなかで生まれてきたものであることには注意が必要です。

▶公正取引委員会の専属告発制度とカルテルの刑事規制

もう一つ、カルテルに刑罰を科すとしたら、その行為は「犯罪」として処罰されるほどに悪いものなのかという問いに直面することになります。窃盗や詐欺等による他人の財産の侵害にくらべると、カルテルの違法性はとても抽象的です。財布から千円札をスラれたら誰でも涙が出てくるものですが、スキー場周辺のホテルによって一斉に宿泊料が2倍に引き上げられたとしても、「それくらいならいいか」と思ってスキーに行く人もいるでしょうし、「じゃあ登山にするよ」といって代わりの行先をみつける人もいるかもしれません。カルテルが国民生活に及ぼす影響をはっきりと認識することはとても難しいのです。

そこで、独禁法は、「このカルテルは犯罪として処罰すべきである」として検察官に告発する権限を法律と経済の専門知識をもった公正取引委員会（これからは短く「公取委」といいます）に委ねたうえ、彼らによる告発を起訴の条件としました（96条）。したがって、公取委による告発がなければカルテルを犯罪として処罰することはできなくなります。こうした仕組みを公取委の**専属告発制度**といいます。公取委は、刑事告発を行うにあたって、①国民生活に広範な影響をおよぼすと考えられる悪質かつ重大な事案であるか、②違反行為を反復して行ったり、排除措置に従わなかったりする事業者による違反行為のうち行政処分では独禁法の目的が達成できない事案であるかを考慮するものとしています(平成17年10月7日「独占禁止法違反に対する刑事告発及び犯則事件の調査に関する公正取引委員会の方針」)。カルテルによって大都市圏の大手ビジネスホテルすべての宿泊料が2倍にされたとしたら、観光の場合と違って多くの人びとが痛い目に会うかもしれません。また、スキー場のホテルでも、公取委から「止めるように」と繰り返し命じられたのを無視してカルテルを続けていると、「行政的措置だけでは足りない」と思われるかもしれません。こうした場合には刑事告発に値すると判断される可能性があります。

公取委による告発は活発といえない時期もありましたが(1990年までは3件を数えるのみでした)、先にみたような時代の変化もあって平成2(1990)年から令和3(2021)年にかけては18件にのぼる告発が行われています。

▶軸受価格カルテル事件について

以上のような事情もあるため、実際に公取委が刑事告発するのはどのような場合なのかを注意深く観察することが重要です。**【CASE】**のもとになった**軸受価格カルテル事件**[2]において、公取委は、㋐全国的に事業活動を行っている大企業による、㋑自動車や産業機械に広く用いられていて国民生活全般に影響を及ぼす商品に関する事案であり、㋒その市場規模も大きいものだった(年間約4500億円)として告発をしたといいます。取引先も、軸受の値上げについて「メーカーのいいなりにならざるをえない」(朝日新聞2011年7月27日朝刊)と述べており、買い手の苦しさも窺い

2 東京高判平成28・3・22審決集62巻526頁

知ることができます。こうしたことから広く国民生活に影響をおよぼす重大な事案であったことがわかります。

▶不当な取引制限罪の成立要件

それでは、カルテルが不当な取引制限罪として処罰される場合について具体的に考えてみましょう。**不当な取引制限罪**は、①事業者が他の事業者と共同して、②相互にその事業活動を拘束または遂行することにより、③公共の利益に反して、④一定の取引分野における競争を実質的に制限したときに成立します。未遂も処罰されます。さらに、**両罰規定**も存在するため、従業員や役員等の個人がその業務に関連して不当な取引制限罪を犯したときは、企業も処罰されます。したがって、**【CASE】**においてXに不当な取引制限罪が成立するときは、X個人が5年以下の懲役または500万円以下の罰金で処罰されるとともに、A社にも5億円以下の罰金が科されます（以上、2条6項、3条、89条、95条）。

▶カルテルの主体

カルテルは複数の事業者が共同して行うものです（前記①）。**【CASE】**における軸受のカルテルのように、行為者のすべてが製造・販売という**同一の取引段階にある場合が多いですが、必ずしもそうとは限りません**。たとえば、軸受を製造・販売するA社らに鋼材を供給する製鉄業者のE社がカルテルに参加することもありえます。この場合のE社も割高な価格で鋼材を供給できるのでA社らと同じく違法な利益を獲得できますし、その値上がりぶんは最終的には買い手が負担することも変わりません。それゆえ、E社もカルテルを行う事業者たりえます。

▶相互拘束・遂行

つぎに、事業者がその事業活動を**相互に拘束・遂行**することが必要です（前記②）。「**相互拘束**」とは、事業者の間で共同して競争を回避することについて**合意**があるために本来は自由であるべき競争が拘束されたことをいいます。そのさい、法的な効力をもった合意をすることや、合意に反する行動に出た企業に対して制裁を用意することまでは必要ありません。

【CASE】においてこうした合意があるというためには、Ｘが他社の担当者と会合を重ねて軸受の販売価格を引き上げる基本方針を共有したこと、および、これに従って、原材料である鋼材の値段が上がるたびに価格引上げの意思連絡をしたことを認定する必要があります。実際には、料亭でちょっと良い物を食べながら懇談でもして「みんなでそうしようか」という雰囲気を徐々につくりあげて、帰り道、「６％くらいの値上げは必要だね、という認識、お互いにあり」といった感触を手帳にメモしておき、あとはタイミングをみながら仕事中に「Ｂ社さん、値上げのための書類提出を急いでください」といったメールをやりとりすることが多いといいます。これに対して、「参加企業は６％の値上げをする。違反したら3000万円の違約金を支払う」旨の合意文書などを作成してしまうことはカルテルの証拠を敢えて残すようなものです。

このような合意を裁判で立証するのは困難で、料亭で会食したという事実や、その後カルテル参加企業が一斉に値上げをしたという事実等から間接的に認定せざるをえないとされてきました。しかし、平成17（2005）年にリニエンシー制度（CHAPTER15参照）が導入されてからは、カルテルから離脱して減免の申請をする企業から合意の存在を直接示すような証拠が比較的容易に取得されるようになったといいます。上にみた会食中の感触を記したメモや仕事中に送った電子メールなどがこうした証拠にあたります。

判例は相互拘束の合意があった時点で既遂とする一方で、「**相互遂行**」もまた**実行行為の一部**であるとしています。これによると、A社らが5年の間に複数回にわたって価格の引き上げをした場合は、1回1回の値上げが構成要件に当てはまる行為であることになります。そうすると、一番新しい価格引上げさえ認定できれば犯罪成立のためには十分であることになります。Xらがはじめに行った料亭での合意が証明できないときや、すでに時効にかかっているときなどに実益をもつ解釈だとされています。

▶公共の利益に反して

不当な取引制限は「**公共の利益に反して**」行われる必要があります（前記③）。企業が市場で自由に競争することはとても大切なことではありますが、たとえば食品会社が皆で、消費者のために品質の良くない食材を取り扱わないようにしたり、環境負荷を軽減するために容器にプラスチックを使わないようにするのも重要なことです。これらの取決めを実施するぶん、食品の価格は高くなってしまうかもしれません。しかし、こうした一種のカルテルが、消費者の利益と国民経済の民主的で健全な発達という**独禁法の究極の目的に反しない例外的な場合**は、「公共の利益」に適ったものとして不当な取引制限罪の成立が否定されます。

とはいえ、**【CASE】**で行われたカルテルは、原材料である鋼材価格の上昇ぶんを軸受の販売価格に転嫁するためだけに行われたもので、上のような例外的な場合にはあたりません。なお、現実の裁判において「公共の利益」に反しないとして不当な取引制限罪の成立が否定された例はまだありません。ただ、上にみた消費者の安全や環境対策等は、公取委が示している事業者団体ガイドライン等のなかで配慮を受けているといわれています。「違法なカルテルとされるかもしれない」という事業者の疑念をあらかじめとり除くのに役立つ措置といえるかもしれません。

▶一定の取引分野における競争の実質的制限

カルテル参加企業による事業活動の相互拘束・遂行が、**一定の取引分野における競争の実質的制限**をもたらすものであることを要します（前記④）。

「**一定の取引分野**」とは競争が行われる市場のことをいい、需要者からみて複数の供給者があるかどうかという観点から、取引の対象となる商品・サービスについて確定されます。【CASE】においては、買い手の機械メーカー等に対してＡ社からＤ社が軸受を供給する「場」が一定の取引分野にあたります。また、これら４社は日本で８割以上のシェアを誇っていたということですから、この【CASE】の取引分野がもっている地理的な広がりも大きなものであったと想定されます。

「**競争を実質的に制限する**」とは、**市場を支配する力を形成・維持・強化する**ことをいいます。**価格・品質・数量などをある程度自由に左右できる状態をもたらす**ことであると表現されることもあります。【CASE】のＡ社らは、一方的に、軸受の価格を６パーセントほど引き上げたので競争を実質的に制限したことになります。上記のような**シェア**があったからこそ、そうした価格の引き上げが簡単にできたことはいうまでもありません。

なお、一定の取引分野における競争の実質的な制限は、**公共団体等が行う一回限りの入札**においても起こりえます。近年では、

JRが入札形式で発注したリニア中央新幹線の駅にかかる建設工事において大手ゼネコン４社が行った**談合**について不当な取引制限罪の成立が認められています[3]。

▶まとめ

【CASE】において、Ｘが行ったカルテルは、軸受の販売シェアの８割以上を占める大手企業が関与するものであって、広く国民生活に影響をおよぼす重大な事案として公取委による刑事告発に値します。不当な取引制限罪の要件も満たすため犯罪が成立するので、Ｘには懲役刑をふくむ刑罰が科されることになります。それに、両罰規定があるので、Ａ社にも５億円以下の罰金刑が科されます。

さて、するどい読者の方は、ＸとＡ社以外の人や企業はどうなったのかと思うかもしれません。実は、企業がカルテルの摘発と真相の解明に協力すると、課徴金の減免を受けるだけでなく、公取委による告発と刑事訴追を免れることがあったりするのです。すべての「共犯者」が等しい取扱いを受けるわけではありません。詳しくはCHAPTER15で解説します。

〔辻本淳史〕

3　東京高判令和5・3・2裁判所ウェブサイト

CHAPTER 12

アイデア・ブランドの保護

【CASE❶】

Xは違法アップロードされている120分程度の映画を10分程度の動画に編集し、作品の内容を解説する音声や字幕をつけて動画サイトにアップロードして視聴者に提供していました（ファスト映画と言われます）。Xはこのようなファスト映画を50本ほど作り再生回数は合わせて1000万回以上、広告料収入も700万円ほどとなりました。Xはどのような責任が問われるのでしょうか？

【CASE❷】

A社はXを社長とする食肉加工卸売業です。X社長は経営が苦しくなったことから、国内産肉に安い外国産肉を混ぜて原価を引き下げ「100%国内産牛肉」と称して売ることにしました。そのような事情を知らない食品製造業B社は、A社から「100%国内産牛肉」と表記されたひき肉を仕入れて、コロッケを製造・販売しました。A社やX社長、そしてB社にはどのような責任が問われるのでしょうか？

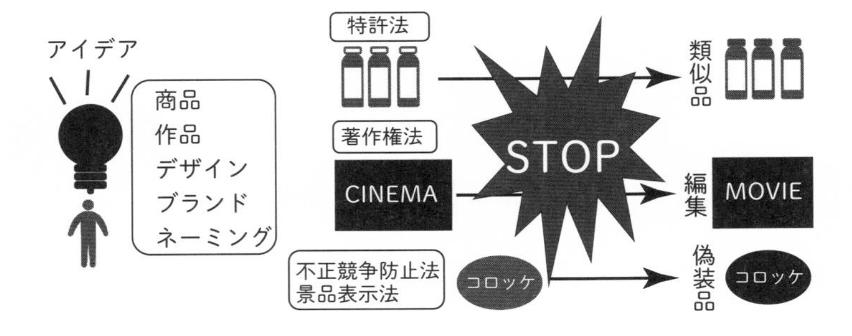

〔ここに注目！〕

企業が新しい商品を開発・販売して収益を得ようとすれば、そこにはアイデアが必要になります。映画もアイデアからでき上がった作品ですし、商品に付けるネーミングやロゴ、ブランドもアイデアからできあがったものです。このようなアイデアやブランドは知的財産と言われます。このCHAPTERでは知的財産の保護の仕方について考えてみることにします。

解説

▶知的財産法の分類

知的財産というと何となくわかりにくいですが、発明、デザイン、営業活動などに使うマーク、植物の新品種、営業上のノウハウ、著作物・映画・音楽と具体的にいうともう少しイメージがわくと思います。これらの知的財産は、それぞれ特許法（権）、意匠法（権）、商標法（権）、種苗法（育成者権）、不正競争防止法（営業秘密）、著作権法によって規定されています。

これらの法律の分け方はいくつかあります。１つは、産業の発達と文化の発展という目的の違いから、産業財産権法（特許法、実用新案法、意匠法、商標法）と著作権法に分けるものです。もう１つは、保護をする対象の違いから、創作を保護する法（特許法、実用新案法、意匠法、著作権法）と商標やマークなどの標識を保護する法（商標法、会社法の商号に関する規定、不正競争防止法、景品表示法など）に分けるものです。２つ目の分け方でいえば、**【CASE❶】**は創作を保護する法の話、**【CASE❷】**は標識を保護する法の話となります。創作・標識の保護対象の違いは、誰を保護対象とするのかの違いにも関係してきます。そのことも合わせて話をするため、ここからは２つめの分け方に従って話を進めて行きます。

▶情報の性質と保護の必要性

知的財産法は創作・標識という保護対象で分類できるとしましたが、そもそもなぜ知的財産は保護が必要なのでしょうか。

たとえば、製薬会社が新薬を発明したとしましょう。その研究開発には長い時間とコストをかけているはずです。しかし、そのような新薬でもいまの技術をもってすれば化学構造式や成分などは容易に解析できてしまいます。別の企業は容易に同じような薬を作ることができてしまうのです。別の会社が開発費用をかけずに同じような薬を製造・販売してくれれば新薬が私たちの手もとに多く届き、価格も安くなり良いかもしれません。しかし、開発した製薬会社としてはたまったものではありません。努力して研究開発するのがばからしくなり、自分たちも他社が研究開発したものを真似した方が得だと考えるかもしれません。もし世界中の製薬会社がみんなそのようなことを考えれば新薬開発はなされなくなってしまいます。

タダで人のものを利用する人のことをフリーライダーといいま

す。そのような**フリーライダーを排除**するために、発明などをした人にそのアイデアを他人に勝手に使われないような権利を与えて**創作を保護**する、そして創作へのインセンティブを与える、これが知的財産権の大きな役割りなのです。医薬品では開発した製薬会社などに20～25年間発明が勝手に使われない権利が特許権として与えられ、ジェネリック医薬品はその後にしか発売できないことになっています。

標識の場合は誰を保護するかも関係してきます。たとえば、本物と似た偽物の商品が同じブランド名で売られていたとしましょう。偽物のせいで本物が売れなくなってしまえば本物の製造業者は損をしてしまいます。また、消費者が間違って偽物を買ってしまい、その偽物の商品がすぐ壊れてしまえば消費者も大損ですし、消費者が「本物が壊れた」と勘違いしたなら本物の製造業者の信頼も傷つくでしょう。そうならないようにするには、本物と偽物には違うブランド名（標識）を付けさせる必要があります。標識には、同じ標識であれば同じ会社の商品（**出所表示**）、違う標識であれば違う会社の商品（**自他区別**）であることを示す機能があります。さらに、その標識と商品の品質が結びついていることで消費者に一定の品質を期待させる（**品質保証**）機能があります。標識はこの３つの機能を通じて、企業の**営業活動を保護**したり**消費者の保護**をしているのです。

▶映画の著作権法による保護

それでは【CASE❶】からみていきましょう。著作権法は、著作物を創作した者に著作権という権利を与えて、著作物を勝手に利用させないようにするための制度を設けています。著作物の定義、種類は法律で示されており、小説、論文、楽曲、ダンス、絵画、アニメ、劇場用映画、写真、コンピュータ・プログラムなどが例示されています。これらを創作した人が著作者です。映画では多くの関係者が製作にかかわっていますがそのうちプロデューサー、撮影監督、美術監督など創作に大きくかかわった人が著作者となります。映画会社が外部の監督などに依頼せず自社で企画・製作したような場合には映画会社が著作権を持つことになります。著作権は１つの権利というよりは、たくさんの権利の束のようなものです。その束は大きく２つに分けることができます。財産的権利の束（**著作財産権**、著作権法21条〜28条）と作品に対する創作者の“思い”といったものを傷つけられない権利である人格的権利（**著作人格権**、著作権法18条〜20条）の束です。映画なら、著作財産権には、映画を公に上映する権利（**上映権**）、映画を複製する権利（**複製権**）、もとの映画の内容や大筋をもとにして別の作品に改変する権利（**翻案権**）、映画をDVDなどにして販売する権利（**頒布権**）、映画を多くの人に送信する権利（**公衆送信権**）などがあります。著作権者は、これらの権利を「専有する」とされているので、他の人は勝手にこれらの権利を行使できません。著作人格権には、いつどのように公表するかを決める権利（**公表権**）、自分の作った映画の内容などを意に反して改変されない権利（**同一性保持権**）などがあります。

著作権の保護期間は、原則、著作者が生存している間とその死後70年間です。

▶ファスト映画の権利侵害

ファスト映画は著作権のどの権利を侵害しているのでしょうか。まずはファスト映画を作ったことからみてみましょう。ファスト映画は本物の120分の映画の映像をコピー・加工して動画を作っているので複製権侵害をしていそうです。でも120分まるまるコピーしていないとの反論がありそうです。しかし、10分に編集した動画はもとの映画の内容や大筋をもとにした別の作品ですから翻案権を侵害しています。ちなみに、このようなダイジェスト版を作ること以外にも漫画作品を映画化することも翻案となります。また、映画を勝手に短く編集しているので人格的権利としての同一性保持権も同時に侵害していることになります。

動画にしてサーバーにアップロードした行為はどうでしょうか。これは勝手に多くの人に送信されない権利である公衆送信権を侵害していそうです。でも動画をサーバーにアップロードしただけでは送信されていないのでは、という疑問が沸いてきます。たしかに動画は視聴者がURLにアクセスしてクリックしない限り送信されないので、アップロードしただけでは公衆送信権は侵害されません。しかし、URLを付けてアップロードをすればその後の送信が可能となるため送信可能化行為としてそれだけでも違法とされます。

ファスト映画を作る際にXは**違法アップロードされている映像をダウンロード**しています。この行為（著作権法30条１項４号）はどうでしょうか。実は、違法ダウンロードに対する規制は令和３(2021）年１月から厳しくなっています。これは漫画や小説が違法にアップロードされた「海賊版サイト」が横行したことによります。新しい規制では、違法ダウンロードの対象が音楽と動画だけだったものからすべての著作物に拡大されました。そして違法にアップロードされた作品をダウンロードするとダウンロードした部分が全体のうちのごく一部でない限りは違法とされます。個人的に利用するだけでもアウトです。ただし、違法アップロードされたものであることを知ってダウンロードした場合のみ違法となります。うっかりダウンロードしたような場合（過失）は違法ではありません。また、刑事罰が科されるのは違法アップロードされた動画などの正規版が有料で提供されている場合で、かつ、何度も継続・反復してダウンロードを行った場合に限定されています（同法119条３項２号）。Ｘは違法アップロードされた正規の映画の動画からファスト映画を50本も作っているので刑事罰が科されても仕方ありません。

▶著作権保護の手段――刑事罰と民事請求権

著作権法では、権利保護のために民事上の侵害行為の差止請求権、損害賠償請求権、名誉回復請求権とともに刑事罰が定められていて、民事上の侵害行為があれば同時に刑事罰の対象となります。

Ｘは著作財産権、著作人格権、そして違法ダウンロードの３つの点から侵害していました。侵害を受けた映画会社はＸに対して民事・刑事的に何をすればよいのでしょうか。

まず刑事です。著作権侵害に対する刑事罰は原則**親告罪**となっています。親告罪とは被害者からの告訴がなければ検察官が起訴をすることができない犯罪のことをいいます。著作権は特許権などと異なり創作さえすれば権利が発生します。審査や登録といったことは必要ではありません（無方式・無審査主義）。このため著作権はいつから誰の権利となったのかがそもそもわかり難いのです。またあまりお金にならないような作品であれば作者が自由な利用を許可していることがあるかもしれません。このように権利が侵害されているのかが本人しかわからないため親告罪とされているのです。このため、Ｘを処罰して欲しいと考えるのであれば、映画会社は当局に告訴する必要があります。ちなみに、上記と逆の理由で特許権は非親告罪とされています。

Xは有罪となれば、著作財産権侵害は10年以下の懲役もしくは1000万円以下の罰金、著作人格権侵害は5年以下の懲役もしくは500万円以下の罰金、違法ダウンロードに対しては2年以下の懲役もしくは200万円以下の罰金（いずれも併科あり）という大変厳しい刑罰が科されます。そしてこれらの罪は内容が異なるので、原則、併合罪（刑法45条）となります。

次に民事です。ファスト映画を多くの人がみると、その人たちが映画館に行かなくなったり、DVDを買わなくなったりと映画会社には損害が出るでしょう。映画会社は著作権の侵害者に対して民事裁判を起こして損害賠償請求などをすることができます。**【CASE❶】**の実際の裁判では、動画で本物の映画をみた場合に配信会社が映画会社に支払うライセンス料相当額約5億円が損害として認められ（著作権法114条3項）、その支払いが被告に命じられました[1]。

ファスト映画はコピペのようなものかもしれません。しかし、そのような安易な行為により刑事罰が科され、多額の損害賠償が請求されることになるのです。なお、違法アップロードされた動画を視聴した（ファスト映画をみた）だけでは処罰はされません。しかし、そのような行為は違法行為を助長することになりますので、厳に謹んでください。

▶食品表示虚偽に対する法律

つぎに**【CASE❷】**をみてみましょう。**【CASE❷】**は標識を保護する法律の話です。標識を保護する法律の中には商品やサービス内容に虚偽の表示をすることを禁止するものがあります。それら

1　東京地判令和4・11・17 裁判所ウェブサイト

の法律は、主に市場の競争秩序を維持し企業の正当な営業活動を保護することを目的とする**不正競争防止法**と主に消費者を保護することを目的とする**景品表示法**とに分けることができます。さらに表示法のうち食品については**食品表示法**が、健康食品については健康増進法が特別な法律としてあります。【CASE❷】は食品の虚偽表示ですので３つの法律がすべて関係してきそうです。

▶不当表示とは

商品・サービスの内容に虚偽の表示をすることを一般的に不当表示といいますが、不当表示の定義やその対象は法律によって異なっています。それは前述のように法律の目的などが異なっているからです。

不正競争防止法は競争秩序維持・正当な営業活動保護を目的としているので、不正目的で消費者が良く知っている他社の商品（**周知な商品**）や有名な他社の商品（**著名な商品**）の表示を真似したり、混同されるような表示をすることを禁止しています（**周知表示混同惹起行為**（不競法２条１項１号）、**著名表示冒用行為**（同項２号））。あわせて商品・サービスやその広告などに、その原産地、品質、内容等について不正目的で誤認させる表示をしたり、その表示をした商品を譲渡したりする行為を禁止しています（**品質内容等誤認惹起行為**〔不競法２条１項20号〕）。

景品表示法は、正式名称を「不当景品類及び不当表示防止法」といいます。消費者が商品を買おうとするときに、過大な「おまけ（景品）」や誇大広告などで商品やサービスを実際よりもよくみせかけることを禁止しています。このうちの良くみせかける表示（不当表示）には**優良誤認表示**（景表法５条１号）と**有利誤認表示**（同条２号）の２つの類型があります。優良誤認表示は、【CASE

❷】のように国産牛100%ではないにもかかわらず「国産牛100%」と表示することで、消費者が品質が実際のものよりも著しく優良だと思ってしまうような表示のことをいいます。根拠なしに「日本一」などと書くのも優良誤認にあたる可能性があります。有利誤認表示は「閉店セール」と表示しながら通常価格で商品を売っている場合のように、消費者が価格などの取引条件が著しく有利だと思ってしまうような表示のことをいいます。その他にも「一般消費者に誤認させるおそれがある表示」で内閣総理大臣が指定するものも不当表示として規制しており（同条3号）、**本当の原産国以外を表示したりすることも不当表示**とされています。不正競争防止法、景品表示法ともに、**消費者が「誤認」するかがポイント**となります。ただ、消費者の誤認は広告の内容だけでなく、商品と広告との関係、他商品との関連性などいろいろな要素で決まってくると考えられるので、違法かどうかの判断も一律に決められません。そのため景品表示法ではその判断基準を各種ガイドラインで示しています。

食品表示法は、表示規制を、食の衛生上の危害防止のために行っていた食品衛生法、農林水産品の適正な選択確保のために行っていたJAS法、栄養の改善などのために行っていた健康増進法を統合して平成25（2013）年に作られた法律です。もとの法律の目的が異なっていたため以前は規制対象もバラバラだったのですがいまは統一され、事業者は**商品の名称、アレルゲン、保存の方法、消費期限、原材料、添加物、栄養成分の量及び熱量、原産地などについて決められた内容の表示がされていない食品を販売してはならない**とされています（食品表示法4条、5条）。

▶不当表示を防止するための制度

不当表示のうち**刑事罰が科されるのは故意で行う「偽装」の場合**だけです。しかし、みる側の消費者側からすれば、故意によってなされた「偽装」も過失によってなされた「誤表示」もどちらも同じにみえます。故意かどうかなど関係ありません。そこで法律では誤表示を含めた防止のための制度が定められています。その誤表示を含めた制度について**【CASE❷】**に沿ってみていきましょう。

【CASE❷】では、Xは故意に外国産の豚肉が入ったコロッケを「100%国内産牛肉」と表示していました。原産地・原材料の偽装は不正競争防止法で偽装を行った本人（社長X）に対して刑事罰が科されます（不競法21条3項1号）。また、原産地などの偽装には両罰規定があるので企業（A社）にも罰金が科されます（同法22条1項3号）。この**【CASE❷】**は同時に景品表示法の優良誤認表示にも当たります。景品表示法では不当表示が発見された場合、それが偽装であろうが誤表示であろうが、その事業者に対して消費者庁などから不当表示を止めて再発防止策をとりなさいといった内容の**措置命令**がなされます（景表法7条）。命令に従う限り刑事罰は科されません。しかし、その命令に従わないと刑事罰が科されます。

このように法律の目的を達するためにまずは命令を課し、その命令の実効性を担保するために命令違反に対して刑事罰を科す方法を**間接罰**といいます。これに対して不正競争防止法のように違反行為に直接刑事罰を科して法律の目的を達しようとするのを**直罰**といいます。景品表示法にも令和5（2023）年改正で、故意に優良誤認表示・有利誤認表示を行った場合の直罰規定が導入されました（景表法48条）。また、景品表示法には、違反者の「やり得」を防止するため、不当表示に関係する商品・サービスの売上額の一定率を**課徴金**として取り上げる制度があります（同法８条）(課徴金については詳しくはCHAPTER15参照)。この課徴金は故意だけではなく重過失の場合にも課されます。つまり、誤表示をしたけれども相当の注意をしていたことを証明すればセーフとなりますが、単なる不注意で起こしたのであれば課徴金が課されるのです。反面、優良誤認表示などの疑いのある表示をした企業が自主的に是正計画を政府に申し出て、認定を受けると、措置命令や課徴金の適用を受けないで済むという**確約制度**もあります（同法26条以下)。自主的な取り組みにより早期に問題を解決するための仕組みです。

食品表示法では、事業者が表示基準を守らず食品を販売すると景品表示法と同じように指示や命令がなされます。また、生命・身体の安全に関わる表示が不適切なまま食品を販売した場合には食品の回収命令がなされることもあります。表示のうち**原産地について虚偽の表示であることを認識して食品を販売した場合**（食品表示法19条）やアレルゲン、消費期限、加熱を要するかどうかなど安全性かかわる重要な事項について表示基準を守らずに食品を販売した場合（同法18条）には直接刑事罰が科されます。食品表示法は不適切な表示での販売を問題とするので、表示した者でなくても処罰の対象となります。【CASE❷】では原産地について偽装をしたうえで販売しているので、販売した本人が罪に問われます。また、企業への両罰規定もあります（同法22条)。

▶どの法律を適用？

【CASE❷】では、３つの法律のうちどの法律を適用すべきでしょうか。他の企業の営業活動を妨害した点を重視すれば不正競争防止法、消費者保護、特に食品面を重視すれば食品表示法を適用すべきとなるでしょう。ただ、いままでの食品表示偽装事件では不正競争防止法が比較的多く適用されています。これは不正競争防止法が５年以下の懲役、食品表示法が２年以下の懲役と法定刑が重いためかもしれません。重く処罰すべきだと考えるのであれば、**【CASE❷】**ではもっと重い処罰も考えられなくはありません。Ｂ社はＡ社（社長Ｘ）から「100%国内産牛肉」と言われて、本当はもっと安いはずの外国産豚肉入りひき肉を高く買わされてしまったのですから騙されたことになります。表示の偽装行為とは別に詐欺罪（刑法246条、10年以下の懲役）も成立することになりそうです。

事情を知らずにＡ社から外国産の豚肉入りのひき肉を仕入れて「100%国内産牛肉」と表示してコロッケを製造・販売したＢ社は何らかの責任を問われるのでしょうか。不正競争防止法、食品表示法は故意犯しか処罰しません。Ｂ社は意図して不当表示をして販売をしたわけではありません。景品表示法の課徴金は重過失の場合にも課されますが、Ｂ社は騙されたぐらいですから取引に当たって相当の注意はしていたと考えられます。それゆえ、Ｂ社はいずれの法律に関しても責任は問われないと考えられます。

▶まとめ

【CASE❶❷】ではファスト映画の著作権問題と食品の偽装表示問題を取り上げましたが、最近は、著作権に関しては、ファスト映画と似た「切り抜き動画」「ネタバレ動画」が問題とされています。また、私たちの生活に欠かせなくなった通販サイトでは、海外で作られた偽ブランド品やスーパーコピー品といわれるものが売られたり、怪しげな広告表示や広告であること自体を隠すステルス・マーケティングなどが多くなってきています。アイデアやブランド、そして表示にかかわる犯罪行為は企業だけの問題ではなく、うっかりすると私たちが被害者として巻き込まれたり、犯罪を助長する立場になったり、さらには不用意にコピペをしただけで犯罪者になったりすることがあります。知的財産保護への意識を一層高めていく必要があるといえます。

〔白石　賢〕

CHAPTER 13

製品事故

【CASE】

化粧品メーカーのＡ社は、経営陣の決定を経て、新商品のボディクリームを製造し、その販売を開始しました。ところが、そのボディクリームを使用した消費者の中から、重度の皮膚炎を起こしたり、呼吸障害を起こしたりする人が出るというトラブルが発生し、Ａ社の経営陣にも、そのことが報告されました。そのため、Ａ社内では、原因を究明するため、専門家を含む調査会が開かれました。しかし、当時の知見では、そのボディクリームが、それらの健康被害の直接の原因であるということが明らかにはなりませんでした。そのため、Ａ社の経営陣は、そのボディクリームのパッケージに、「異常を感じるなどした場合には直ちに使用を中止してください。」という注意書きを新たに付けるだけにとどめ、そのボディクリームを、引き続き、製造・販売することを決定しました。なお、すでに市場に出回っている、パッケージを修正する前の商品も、特に回収されたりすることはありませんでした。その後も、同様の健康被害の報告が続きましたが、そのボディクリームのどの成分が、それらの健康被害の原因となっているのかが解明されることはありませんでした。やがて、このことが社会問題となり、マスコミがこの件について報道するようになったため、Ａ社はそのボディクリームの製造・販売を中止する決定をしました。

このような場合に、そのボディクリームの製造・販売を行ったＡ社の経営陣が、消費者に発生した健康被害について、刑事上の責任を問われることはあるでしょうか？

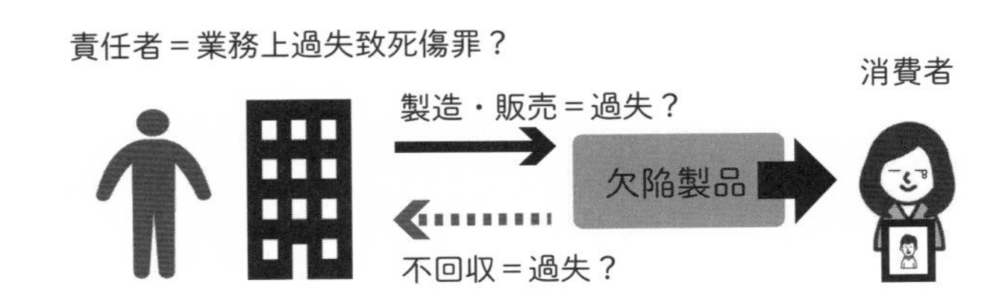

〔ここに注目！〕

企業が製造・販売する製品の欠陥が原因となって、その製品を使用した消費者などが、ケガをしたり、病気になったり、亡くなったりした場合、その製品の製造・販売業者は、民事上の責任として、損害賠償の責任を負うことになるだけでなく（民法709条、製造物責任法３条参照）、その製品の製造・販売についての責任者が、刑事上の責任として、業務上過失致死傷罪の責任を負うことになる可能性があります（刑法211条前段参照）。ここでは、どのような場合に、誰が、その刑事上の責任を負うことになるのかについて、みていくことにしましょう。

解説

▶民事上の製造物責任

企業が製造・販売する製品の欠陥が原因となって生じた、消費者への被害に対する企業の側の法的な責任として、多くの方が真っ先に思い浮かべるであろうものは、民事上の**損害賠償責任**でしょう。かつてのそれは、もっぱら、「故意又は過失によって他人の権利又は法律上保護される利益を侵害した者は、これによって生じた損害を賠償する責任を負う」とする、民法709条の「**不法行為による損害賠償**」の規定に基づくものでした。このことが認められるためには、被害者である消費者が、加害者である製造業者の落ち度、すなわち、「過失」の存在と、そこから発生した被害との間の「因果関係」の存在とを立証しなければなりませんでした。しかし、一消費者が企業を相手にする場合、情報格差があまりにも大きいので、その立証はきわめて困難であるといわざるをえません。とりわけ、**【CASE】**のような複雑な事案の場合には、消費者の側に到底勝ち目などないでしょう。

そのため、消費者保護の観点から、平成6（1994）年に、「**製造物責任法**」（いわゆる「PL法」）が制定されました。同法3条本文は、「製造業者等は、その製造……をした製造物であって、その引き渡したものの欠陥により他人の生命、身体又は財産を侵害したときは、これによって生じた損害を賠償する責めに任ずる」と規定して、損害賠償責任を認める根拠を、「故意又は過失」という加害者（製造業者）の主観的な事情から、「製造物の欠陥」という客観的な事情へと移しました。これによって、被害者である消費者は、加害者である製造業者に落ち度があったことを証明できなくても、製品に欠陥があること、すなわち、「当該製造物が通常有すべき安全性を欠いていること」（同法2条2項）さえ証明できればよいことになったのです。そこには、**過失責任から無過失責任へ**、という動きをみてとることができます。このように、製造物責任法は、企業に対する民事上の責任を、消費者保護の観点から広く認めているのです。

もっとも、**【CASE】**においては、その製品の製造・販売当時の知見では、それが健康被害の直接の原因であるということが明らかになっていません。製造物責任法４条は、「前条〔同法３条〕の場合において、製造業者等は、次の各号に掲げる事項を証明したときは、同条に規定する賠償の責めに任じない」として、同条１号で、「当該製造物をその製造業者等が引き渡した時における科学又は技術に関する知見によっては、当該製造物にその欠陥があることを認識することができなかったこと」としています（これを「**開発危険の抗弁**」といいます）。これをみる限り、Ａ社がその製品の製造・販売を開始したこと自体から生じた被害について、損害賠償責任を認めることは、難しいように感じられるかもしれません。しかし、そうだとすると、実質的に過失責任を問題とすることになってしまい、せっかく無過失責任としたことの意義が損なわれてしまいますので、その欠陥が、その製品を引き渡した当時の世界最高水準の科学技術の知見をもってしても認識しようのないものでない限りは、Ａ社の責任が認められることになる、とする解釈が一般的となっています。それゆえ、【CASE】のような場合でも、Ａ社には、その製品の製造・販売を開始したこと自体から生じた被害について、損害賠償責任が認められることになるものと考えられます。

また、問題を認識した後も、Ａ社は、その製品を引き続き製造・販売し、回収なども行っておらず、その製品を使用することで同様の健康被害がなおも発生していますので、かりにＡ社にその製品の製造・販売を開始したこと自体についての損害賠償責任が認められなかったとしても、少なくとも、問題を認識した後も、その製品の製造・販売を中止せず、回収などもしなかったことから生じた被害については、Ａ社に民法709条に基づく損害賠償責任が認められることになるものと考えられます。

▶刑事上の製造物責任

製造物責任法は、民法の特別法であり、民事上の責任として、製造業者に損害賠償責任を認めるものです。しかし、たとえば、交通事故の場合にも、民事上の損害賠償責任だけでなく、過失運転致死傷罪（自動車の運転により人を死傷させる行為等の処罰に関する法律5条）などの、刑事上の責任が問題となるのと同じように、製品の欠陥が原因となって、消費者に健康被害が発生した場合にも、製造業者に対して、民事上の損害賠償責任だけでなく、刑事上の責任も問題とされるべきだと考えられる場合があります。

この場合に問題となるのが、刑法211条前段の「**業務上過失致死傷罪**」の成否です（人をケガさせたり、病気にさせたりした場合には、「業務上過失傷害罪」の成否が、死亡させた場合には、「業務上過失致死罪」の成否が問題となります）。同条は、「業務上必要な注意を怠り、よって人を死傷させた者は、5年以下の懲役若しくは禁錮又は100万円以下の罰金に処する」と規定しています（なお、財産に対する被害については、犯罪とはされていません）。

もっとも、「刑法」という名前の法律（これを「刑法典」といいます）に規定されている犯罪行為（刑法典の「第2編 罪」の部分をご覧ください）は、いずれも、生身の人間（法の世界ではこれを「自然人」といいます）によって行われることのみが想定されていて、企業などの組織（法律によって自然人と同じように権利義務を認められた組織のことを「法人」といいます）によって行われることは想定されていません。そのため、企業などの組織が、直接、「業務上過失致死傷罪」に問われることはありません。このことについて、企業などの組織も直接処罰できるようにすべきではないか、という議論もなされてはいますが、いずれにしても、そのことを可能とするためには、新たな法人処罰規定を設けることが必要となります（CHAPTER 2 参照）。

そのため、業務上過失致死傷罪の成否を考えるのであれば、企業のなかで、その被害を引き起こした当事者というべき個人を特定し、その個人に刑法上の過失を認めることができるかが問題とされなければなりません。では、どのようにして、その個人を特定し、その個人の刑法上の過失の有無を認定したらよいのでしょうか。

▶誰が罪に問われるのか

企業が製造・販売する製品の欠陥が原因となって生じた被害について、その責任者に対する業務上過失致死傷罪の成否が問題となった有名な事件として、たとえば、①森永乳業徳島工場が製造した缶入り粉ミルク「森永ドライミルク」の製造過程で用いられた添加物である工業用の第二燐酸ソーダの中に、不純物として砒素が含まれていたため、これを飲んだ１万３千名もの乳児が砒素中毒になり、130名以上が死亡した、**森永ドライミルク事件**[1]、②製薬会社である株式会社ミドリ十字の販売した非加熱製剤を使用した血友病患者の中に、HIV感染者が多数確認され、エイズ発症により死亡する例も発生していたため、直ちにその販売を中止するとともに、販売済みの非加熱製剤を回収する措置をとるべきところ、これを怠った結果、その後に非加熱製剤を投与された患者がHIVに感染して死亡した、**薬害エイズ事件ミドリ十字ルート**[2]、③自社製のハブに強度不足の疑いがあることを知りながら、リコール等の措置をとらず、これを漫然と放置した結果、走行中の大型ト

1　徳島地判昭和48・11・28刑月５巻11号1473頁

2　大阪高判平成14・8・21判時1804号146頁

レーラーの左前輪が脱落し、歩道上にいた母子に命中し、母親が死亡、子ども２人が負傷した、**三菱自動車車輪脱落事件**[3]、などがあります。

これらの事件においては、①では同社の製造工場の製造課長が、②では同社の代表取締役社長と代表取締役副社長兼研究本部長と代表取締役専務兼製造本部長が、③では同社の品質保証部門の部長とグループ長が、それぞれ起訴され、有罪判決を受けています（なお、①では同社の製造工場の工場長は無罪とされています）。

こうしてみると、欠陥製品から生じた被害について刑事責任を問われ、起訴され、有罪とされた人たちの立場は、実にさまざまであるようにみえます。しかし、起訴され、有罪とされた人たちには、ある共通点を見出すことができます。それは、「その被害の発生を回避するために必要となる措置について判断すべき立場にあった」ということです。このような措置をとるべきことを、**注意義務**といいます。すなわち、起訴され、有罪とされることになるのは、注意義務を負っていたにもかかわらず、その義務を果たさなかった人、ということになります。

▶注意義務を負うのは誰か

注意義務を負う人というのは、具体的にはどのような人なのでしょうか。その被害の発生を回避するために必要となる措置について判断すべき立場にある人というのは、現場で作業に携わる人の場合もあるでしょうし、中間管理職である担当部門の責任者の場合もあるでしょうし、企業のトップである取締役の場合もあるでしょう。結局、企業などの組織において注意義務を負う人というのは、常に組織内の特定の地位にある誰か（たとえば取締役な

3　最決平成24・2・8刑集66巻４号200頁

ど）というわけではなく、ケース・バイ・ケースで判断せざるをえない、ということになります。では、どのようにして注意義務を負う人は特定されるのでしょうか。

注意義務を負う人は、形式的には、**法律**の規定、**契約**の内容、常識的な判断（これを「**条理**」といいます）などから特定されてきました。法律によって特定の義務（たとえば製品の安全管理など）を負うと定められている人は、その義務を果たすべき立場にあるといえます。契約によって特定の義務を請け負った人は、その義務を果たすべき立場にあるといえます。また、常識的に考えれば、たとえば、ある事故のきっかけとなるようなこと（これを「**先行行為**」といいます）をした人は、そのことが原因となって発生した事故について責任を負うべき立場にあるといえます。それゆえ、これらのことが、注意義務を負う根拠となると考えられるのです。製品事故に関していえば、その製品の製造・販売や品質管理についての職責を担っている人、というのが、注意義務を負う人であるとされる傾向にあります。すなわち、その製品に関する情報を掌握しており、その情報に基づいて、企業にとって必要な方針を、自ら決定することができる、あるいは、責任のある立場の人に決定させるだけの影響力を持っている人が、注意義務を負っているということができます。

▶注意義務とは何か

では、そのような立場にある人が、その際に果たすべき注意義務というのは、どのようなものなのでしょうか。その具体的な内容は、たとえば、製品の製造・販売を（場合によってはそれが市場に出回る前に）中止することだったり、すでに市場に出回っている製品を回収することだったりと、発生した被害によって、異ならざるをえないでしょう。このことを、一般化・抽象化していえば、その被害を回避するために必要な措置、ということになるでしょう。これを、**結果回避義務**といいます。そして、この結果回避義務を果たさなかったこと、すなわち、結果回避義務に違反したことを、刑法上、「**過失**」と呼んでいます。

このように、業務上過失致死傷罪とは、業務を行うに際して、そのような事故が起こらないよう、必要な措置を十分にとるべきだったのに、それをしなかったために、人を死亡させたり、負傷させたりしてしまった場合に成立する犯罪である、ということができます。

なお、ここでいう「**業務**」というのは、職業や事業のことを指しているのではなく、「人が社会生活上の地位に基き反覆継続して行う行為であって……、かつその行為は他人の生命身体等に危害を加える虞（おそれ）あるものであることを必要とする」ものだと定義されています[4]。

▶過失はどのような場合に認められるのか

業務上過失致死傷罪は、業務から人身被害が発生すれば、直ちにその成立が認められるものではありません。これは、業務上の注意義務を負っている人による注意義務違反がなされ、そのことが原因となって人の死傷結果が発生したといえる場合にのみ、その成立が認められるものなのです。逆にいえば、業務上の注意義務違反があったものと認められる場合でなければ、業務上過失致死傷罪は成立しません。

では、注意義務違反があったと認められるのは、どのような場合なのでしょうか。その際に重要となるのが、**結果の予見可能性**

4　最判昭和33・4・18刑集12巻6号1090頁

です。すなわち、ある製品に関してさまざまな情報を掌握している人は、その製品を製造・販売することで、どのような被害が生じることがありうるのかを予測できるはずです。そして、被害の発生を予測できたのであれば、それを実際に事前に予測すべきですし、事前に予測したのであれば、そのような被害が実際に生じることのないよう、必要な措置をとるべきであるといえるでしょう。このように、結果の予見可能性があったにもかかわらず、必要な措置をとらないことが結果回避義務違反であり、それこそが過失であると評価されるのです。

このように、過失の大前提となっているのは、結果の予見可能性の存在であり、これこそが、過失を認定する際の最も重要なポイントであるといえるのです。

▶予見可能性とは何か

では、結果の予見可能性が認められるのは、どのような場合なのでしょうか。一般的に、結果の予見可能性は、結果回避義務を導きうるだけの具体的なものでなければならないといわれています。すなわち、業務上過失致死傷罪の成否が問題となっている場合であれば、結果としての人の死傷結果の発生（「**構成要件的結果**」）が予見でき、かつ、その結果がどのようなプロセスをたどって発生するのか、少なくともその基本的な部分（「**因果経過の基本的部分**」）が予見できなければならないとされています[5]。もっとも、最高裁の判例は、「因果経過の基本的部分」の予見可能性については、ある程度具体的なものである必要があるものの、現実の結果発生に至る因果経過を逐一具体的に予見できることまでは必要ではなく、ある程度抽象化された因果経過が予見可能であ

5　札幌高判昭和51・3・18高刑集29巻１号78頁

れば、過失犯の要件としての予見可能性が認められる、という立場をとっているものとみられます[6]。また、「因果経過の基本的部分」の予見可能性は、「構成要件的結果」を予見することが直接的には困難な場合の、いわば「補助線」であって、過失犯の成立を認めるうえで、常に要求されるべきものではない、ということについても注意が必要です[7]。

なお、いわゆる製品事故ではありませんが、企業災害といえる事態について、十分な結果の予見可能性が認められなかったために、取締役らに無罪判決が言い渡された有名な事件として、たとえば、**JR福知山線脱線事件**[8]や、**東京電力福島第一原発事件**[9]などがあります。

▶結果回避可能性

予見可能性が認められ、結果回避義務違反が認められたとしても、発生したその結果がおよそ避けようのないものであった場合には、そのことについての責任を問うことはできません。それゆえ、**結果回避可能性**の存在も、過失犯の成否を考えるうえでの重要なポイントとなります。

たとえば、上述した三菱自動車車輪脱落事件では、この事故は、ハブの強度不足に起因するものではなく、もっぱら事故車両の使用者側の問題によるもので、リコール等の改善措置をとっていたとしても避けようのないものであった、と被告人側が主張し、このことも争点の一つとなりました。もっとも、裁判所は、被告人側のこの主張を退けて、この事故は、リコール等の改善措置を

6　最決平成12・12・20刑集54巻9号1095頁

7　最決平成28・5・25刑集70巻5号117頁

8　最決平成29・6・12刑集71巻5号315頁

9　東京高判令和5・1・18 裁判所ウェブサイト

とっていれば避けられた事故であったと判断し、結果回避可能性の存在を認めて、被告人らが必要な措置をとらなかったことが、まさにこの事故の原因であった、と判断しています。

▶まとめ——【CASE】の解決

まとめとして、以上のことを、最初の【CASE】にあてはめて考えてみましょう。

まず、A社の経営陣は、その製品の製造・販売についての決定権を有していたわけですから、その製品が原因となって発生した健康被害の問題について、刑事責任を問われる立場にあるということができるでしょう。

そして、少なくとも製品の製造・販売時には、当時の知見では、そのような健康被害の発生を具体的に予見することができなかったわけですから、経営陣に結果の予見可能性は認められず、商品の製造・販売を、それが市場に出回る前に中止するという措置を結果回避義務として課すことはできなかったといえます。よって、A社の経営陣が、このような製品の製造・販売の開始を決定したこと自体については、業務上過失傷害罪の責任を認めることはできないというべきでしょう。

しかし、その後も被害が発生しているにもかかわらず、製品の製造・販売を中止せず、回収などもしなかったことについては、経営陣に、結果の具体的な予見可能性を認めることができ、製品の製造・販売を中止して、すでに市場に出回っている製品を回収するなどの措置を結果回避義務として課すことができると考えられます。そして、そのような措置をとってさえいたならば、たとえ製品のどの成分が被害の原因となっているのかが特定できなかったとしても、その後の被害の発生は回避できたものと考えられますから、製品の製造・販売を中止せず、回収などもしなかったことと、被害の発生との間には、因果関係も認めることができます。よって、問題を認識した後も、このような製品の製造・販売を継続し、回収などもしなかったことについては、業務上過失傷害罪の責任を認めることができるといえるでしょう。

〔岡部雅人〕

CHAPTER 14

脱　税

【CASE】

会社員のXは、勤めている会社からの給与所得だけで、令和５年の年収が400万円ありました（なお、給与所得については、勤務先で年末調整が行われています）。Xは、生活費の足しにするため、FX取引をしたり、ネットオークションやフリマアプリを利用して「せどり」をするなどして、この１年の間に、さらに100万円の雑所得を得ていました。給与所得以外の所得が20万円を超えていますので、Xは、令和５年分の確定申告をする必要があったのですが、Xは、そのことを認識していたにもかかわらず、申告期限である令和６年３月15日までに確定申告をせず、その結果、適切な所得税の納付もしませんでした。

このことについて、Xには、どのようなペナルティが科される可能性があるでしょうか？

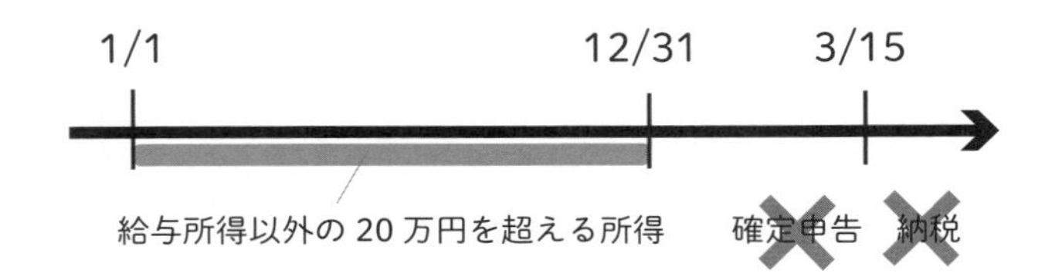

〔ここに注目！〕

国民には納税の義務があります。納めるべき税金をきちんと納めないなどしていると、ペナルティとして、より多くの税金を納めなければならなくなるばかりか、場合によっては、そのことが犯罪となり、処罰されることもあります。それは、どのような場合で、それに対しては、どのような刑罰が科されるのでしょうか。ここでは、いわゆる租税犯としての「脱税」の問題についてみていきましょう。

解説

▶所得税

日本国憲法30条は、「国民は、法律の定めるところにより、**納税の義務**を負ふ」と規定しています。このことを受けて、**所得税法**は、「居住者は、この法律により、所得税を納める義務がある」と規定しています（同法５条１項）。「居住者」とは、「国内に住所を有し、又は現在まで引き続いて１年以上居所を有する個人」のことで（同法２条１項３号）、「所得税」とは、個人の所得に対して課される税金のことです。「所得」とは、収入から必要経費を差し引いたもの、すなわち、儲けのことで、所得税法は、所得を、利子所得（同法23条）、配当所得（同法24条）、不動産所得（同法26条）、事業所得（同法27条）、給与所得（同法28条）、退職所得（同法30条）、山林所得（同法32条）、譲渡所得（同法33条）、一時所得（同法34条）、雑所得（同法35条）の10種類に区分して（同法21条１項１号）、それぞれの内容と、その計算の仕方について規定しています。このうち、雑所得は、「利子所得、配当所得、不動産所得、事業所得、給与所得、退職所得、山林所得、譲渡所得及び一時所得のいずれにも該当しない所得をいう」ので（同法35条１項)、結局、個人のあらゆる所得に税金が課されていることになります。

なお、企業などの法人の所得に対して課される税金については、**法人税法**が諸々の規定を定めています（同法４条参照)。本書の読者のみなさんは、法人税についても高い関心を持たれていることと思いますが、本書では、所得税を素材として、脱税に関する基本的な問題をみていくことにします。

▶申告納税制度

個人のあらゆる所得に税金が課されるとしても、その個人がどれだけの収入を得ていて、そこからどれだけの金額が必要経費として差し引かれ、課税の対象となる所得がどれだけの金額になるのかは、その本人でなければ正確なところはわかりません。そこで、所得税については、所得税法に定められた基準に従って、その本人が税額を確定し、税務署長に申告書を提出することになっています（同法120条)。毎年、年度末に行われる、「確定申告」の手続がそれです。

税法の一般法として、国税についての基本的な事項および共通的な事項を定めた、**国税通則法**があります。同法15条２項は、「納税義務は、次の各号に掲げる国税……については、当該各号に定める時……に成立する」として、「所得税」については、これを「暦年の終了の時」としています（同１号)。すなわち、所得税については、12月31日に納税義務が成立することになります。

同法16条１項は、「納付すべき税額の確定の手続」について、「**申告納税方式**」（同１号：納付すべき税額が納税者のする申告により確定することを原則とし、その申告がない場合またはその申告に係る税額の計算が国税に関する法律の規定に従っていなかった場合その他当該税額が税務署長または税関長の調査したところと異なる場合に限り、税務署長または税関長の処分により確定する方式）と、「**賦課課税方式**」（同２号：納付すべき税額がもっぱら税務署長または税関長の処分により確定する方式）という、２つの方式を定めています。同条２項１号は、「納税義務が成立する場合において、納税者が、国税に関する法律の規定により、納付すべき税額を申告すべきものとされている国税」については、「申告納税方式」による、と定めていますので、所得税は、申告納税方式によることになります。

そして、同法17条１項は、「申告納税方式による国税の納税者は、国税に関する法律の定めるところにより、納税申告書を法定申告期限までに税務署長に提出しなければならない」としています（これによって提出される納税申告書を「**期限内申告書**」といい〔同２項〕、期限後に提出される納税申告書を「**期限後申告書**」といいます〔同法18条〕）。「**法定申告期限**」とは、「国税に関する法律の規定により納税申告書を提出すべき期限」をいい（同法２条７号）、所得税については、「その年の翌年２月16日から３月15日までの期間」とされています（所得税法120条１項柱書参照）。

国税通則法35条１項は、「期限内申告書を提出した者は、国税に関する法律に定めるところにより、当該申告書の提出により納付すべきものとしてこれに記載した税額に相当する国税をその法定納期限（延納に係る国税については、その延納に係る納期限）までに国に納付しなければならない」としています。所得税については、納税申告書を提出した者は、その年の翌年２月16日から３月15日までの期間に、所得税を国に納付しなければならないとされています（所得税法128条参照）。

▶加算税

申告納税方式による国税について、法定申告期限までに適正な申告がなされない場合には、その申告を怠った程度に応じて、**加算税**が課されることになります（国税通則法15条２項14号）。加算税とは、納税者のコンプライアンスの水準を高めて、申告納税制度および徴収納付制度（納税義務者以外の第三者に租税を徴収させ、これを国または地方団体に納付させる制度のことで、所得税の源泉徴収制度〔所得税法181条以下〕などがこれにあたります）の定着と発展を図るために、申告義務および徴収納付義務が適正に履行されない場合に課される**附帯税**であるとされています。附帯税とは、国税の附帯債務のことで、加算税のほか、延滞税（国税通則法60条）、利子税（同法64条）、過怠税（印紙税法20条）があります。

申告納税方式による国税に対する加算税としては、期限内申告書が提出された場合において、修正申告書の提出または更正があったときに課される、「**過少申告加算税**」（国税通則法65条）、期限後申告書の提出または同法25条の規定による決定があった場合、あるいは、期限後申告書の提出または同法25条の規定による決定があった後に修正申告書の提出または更正があった場合に課される、「**無申告加算税**」（同法66条）、上記の加算税の要件に該当したうえで、課税標準等または税額等の計算の基礎となるべき事実の全部または一部を隠蔽または仮装し、その隠蔽または仮装したところに基づいて納税申告書を提出していた場合に課される、「**重加算税**」（同法68条１項・２項）があります。

これらの加算税は、申告または納付の義務違反に対して、適正な申告・納付を確保するための、一種の**行政制裁**の性格を有するものであるとされています。

▶加算税と罰金の関係

このように、加算税は、行政制裁であって、刑罰ではありません。そこで徴収されているのは、あくまでもペナルティとして加算された「税」であって、「罰金」ではないのです。つまり、ここで問題となっている、過少申告、無申告は、直ちに犯罪とされているわけではありません。

しかし、重加算税が課される行為は、刑罰が科される租税犯にもあたることが多く、その場合、同じ一つの行為に対して、重加算税が課されると同時に、刑罰も科されることになります。このことが、憲法39条が定める、「何人も、……同一の犯罪について、重ねて刑事上の責任を問はれない」という、「**二重処罰の禁止**」に触れるのではないか、という指摘もあります。これについて、判例は、「国税通則法68条に規定する重加算税は、……これによつて……納税義務違反の発生を防止し、もつて徴税の実を挙げようとする趣旨に出た行政上の措置であり、違反者の不正行為の反社会性ないし反道徳性に着目してこれに対する制裁として科せられる刑罰とは趣旨、性質を異にするものと解すべきであつて、それゆえ、同一の租税ほ脱行為について重加算税のほかに刑罰を科しても憲法39条に違反するものでない」としています[1]。

▶租税危害犯

所得税法241条は、「正当な理由がなくて第120条第１項（確定所得申告）……の規定による申告書をその提出期限までに提出しなかつた者は、１年以下の懲役又は50万円以下の罰金に処する」と規定しています（なお、「ただし、情状により、その刑を免除する

1　最判昭和45・9・11刑集24巻10号1333頁

ことができる」とされています〔同ただし書〕)。本罪は、正当な理由がないのに納税申告書をその提出期限までに提出しない犯罪であり、これを**単純無申告犯**といいます(法人税法160条なども参照)。本罪は、国の税金を課し徴収する権限の正常な行使を妨げる危険のある行為である**租税危害犯**です。

▶脱税犯

所得税法238条1項は、「偽りその他不正の行為により、第120条第1項第3号(確定所得申告)……に規定する所得税の額……につき所得税を免れ……た者は、10年以下の懲役若しくは1000万円以下の罰金に処し、又はこれを併科する」と規定しています(なお、同2項は、「前項の免れた所得税の額……が1000万円を超えるときは、情状により、同項の罰金は、1000万円を超えその免れた所得税の額……に相当する金額以下とすることができる」としています。このように、脱税額が罰金刑の上限を超える場合に、情状により、罰金額を脱税額にスライドさせて、罰金を脱税額以下とする方式のことを、**罰金スライド制**といいます)。本罪は、納税義務者が、偽りその他不正の行為により租税を免れる犯罪であり、これを**逋脱犯(狭義の脱税犯)**といいます(法人税法159条1項・2項なども参照)。本罪は、国の税金を徴収する権限(租税債権)を直接侵害する行為である**脱税犯**です(なお、偽りその他不正の行為により、税の還付を受ける行為も同様に処罰されています〔所得税法238条1項、法人税法159条1項など参照〕)。

ここにいう、「**偽りその他不正の行為**」とは、「逋脱の意図をもつて、その手段として税の賦課徴収を不能もしくは著しく困難ならしめるようななんらかの偽計その他の工作を行なうこと」とされています[2]。具体的には、帳簿への虚偽記入、二重帳簿の作成、虚偽申告などの、いわゆる**所得秘匿工作**がこれにあたります。

このように、本罪は、所得秘匿工作を伴う形で租税を免れるものなので、これを伴わない、単なる無申告の場合は、本罪にはあたりません[3]。単なる無申告は、前述した、単純無申告犯として処罰されます（なお、単純無申告犯の規定は、「詐偽その他の不正行為を伴わないいわゆる単純不申告の場合にはこれを処罰することはできない」とした昭和24（1949）年の判例を受けて、昭和25（1950）年改正によって規定されたものです）。

もっとも、所得秘匿工作を伴わず、従来であれば、逋脱犯には当たらないとして、単純無申告犯として処罰されてきた単なる無申告の中にも、悪質で、逋脱にあたると考えられるものがあることから、そのような場合をより重く処罰するために、平成23（2011）年度6月改正によって、所得税法238条3項の、「第1項に規定するもののほか、第120条第1項……に規定する所得税の額……につき所得税を免れた者は、5年以下の懲役若しくは500万円以下の罰金に処し、又はこれを併科する」という規定が設けられました（なお、同4項は、「前項の免れた所得税の額が500万円を超えるときは、情状により、同項の罰金は、500万円を超えその免れた所得税の額に相当する金額以下とすることができる」としています〔罰金スライド制〕）。本罪は、故意に確定申告書等を法定期限までに提出しないことで租税を免れる犯罪であり、これを**申告書不提出逋脱犯**といいます（法人税法159条3項・4項なども参照）。本罪は、「偽りその他不正の行為」を伴わない点で逋脱犯とは異なり、また、単なる無申告にとどまらず、それによって租税を免れてい

2 最判昭和42・11・8刑集21巻9号1197頁
3 最判昭和24・7・9刑集3巻8号1213頁

る点で脱税犯ですので、租税危害犯である単純無申告犯とも異なります。

▶逋脱犯における「偽りその他不正の行為」

前述のとおり、単なる無申告は、単純無申告犯（所得税法241条など）として、また、故意に確定申告書等を法定期限までに提出しないことで租税を免れる行為は、申告書不提出逋脱犯（同法238条３項など）として、それぞれ処罰されることになります。しかし、**無申告が不正と認められる行為と結びついているとみられる場合**には、それが「偽りその他不正の行為」にあたり、逋脱犯（同法238条１項など）として処罰できるのではないか、とも考えられます。とりわけ、単純無申告犯、申告書不提出逋脱犯の規定が設けられる前は、この「偽りその他不正の行為」の解釈次第で、無申告によって租税を免れる行為を処罰できるか否かが変わってきますので、その解釈が問題となりました。逋脱犯と申告書不提出逋脱犯とでは、法定刑にも大きな差がありますので、その区別は今日でも重要です。

単純無申告犯が設けられる前の判例は、逋脱犯として処罰できるのは、「**詐偽その他不正の手段が積極的に行われた場合**に限」られ、「詐偽その他の不正行為を伴わないいわゆる単純不申告の場合にはこれを処罰することはでき」ず、「不申告という消極的な行為をもつていわゆる『不正の行為』の概念のうちに包含させようとする……見解は到底これを是認することはできない」としていました[4]。単純無申告犯の規定が設けられた後の、昭和38（1963）年の判例も、「『詐偽その他不正の行為』により所得税を免れた行為が処罰されるのは、**詐偽その他不正の手段が積極的に行われた場合**

4　前掲最判昭和24・7・9

に限るのであつて、たとえ所得税逋脱の意思によつてなされた場合においても、単に確定申告書を提出しなかつたという消極的な行為だけでは、右条項にいわゆる『詐偽その他不正の行為』にあたるものということはできない」としていました[5]。

しかし、昭和42（1967）年の判例が、「詐偽その他不正の行為とは、逋脱の意図をもつて、その手段として**税の賦課徴収を不能もしくは著しく困難ならしめるようななんらかの偽計その他の工作を行なうこと**をいう」として、「物品税を逋脱する目的で、物品移出の事実を別途手帳にメモしてこれを保管しながら、税務官吏の検査に供すべき正規の帳簿にことさらに記載しなかつたこと、他に右事実を記載した帳簿もなく、納品複写簿、納品受領書綴または納品書綴によつても右事実が殆んど不明な状況になつていたことなどの事実関係に照らし、逋脱の意図をもつて、その手段として税の徴収を著しく困難にするような工作を行なつたことが認められる」と判断し、逋脱罪の成立を認めたことから[6]、無申告が社会通念上不正と認められる行為と結びついている場合は、「偽りその他不正の行為」にあたる、とする解釈が有力となりました。その後の昭和48（1973）年の判例も、「真実の所得を隠蔽し、それが課税対象となることを回避するため、**所得金額をことさらに過少に記載した内容虚偽の所得税確定申告書を税務署長に提出する行為**（以下、これを**過少申告行為**という。）自体、単なる所得不申告の不作為にとどまるものではなく……『詐偽その他不正の行為』にあたるものと解すべきである」として、積極的な所得秘匿工作がなかった場合について、逋脱犯の成立を肯定しています[7]。また、

5 最判昭和38・2・12刑集17巻3号183頁
6 最判昭和42・11・8刑集21巻9号1197頁
7 最決昭和48・3・20刑集27巻2号138頁

これにならう形で、昭和63（1988）年の判例も、「真実の所得を秘匿し、**所得金額をことさら過少に記載した……申告書を税務署長に提出する行為**は、それ自体……『偽りその他不正の行為』に当たると解すべきである」としています[8]。

なお、昭和63年の判例では、逋脱犯の実行行為についても問題になりましたが、判例は、「所得を秘匿するため所得秘匿工作をしたうえ逋脱の意思で……申告書を税務署長に提出しなかった場合には、**所得秘匿工作を伴う不申告の行為**が……『偽りその他不正の行為』に当たると解するのが相当であるから、所得秘匿工作を伴う不申告の行為があつたことを判示すれば足り、所得秘匿工作の具体的な日時、場所、方法などについては判示することを要しないものというべきである」として、**過少申告行為**のみが「偽りその他不正の行為」であり、所得秘匿工作はその準備行為に過ぎないとしています（**制限説**）。このことから、所得秘匿工作を行わず、単に過少申告をしただけでも、「偽りその他不正の行為」がなされたことになり、逋脱犯が成立することになります。

さらに、平成6（1994）年の判例は、売上げを正確に記載した帳簿を作成しており、これをことさら税務当局から隠匿したり、別に虚偽の帳簿を作成したりするなどの工作を積極的に行ってはいなかったものの、売上金の一部を仮名または借名の預金口座に入金保管していた場合について、「このような場合であっても、税務当局が税務調査において右の帳簿の内容を確知できるという保障はないのであるから、仮名又は借名の預金口座に売上金の一部を入金保管することは、**税務当局による所得の把握を困難にさせるもの**であることに変わりはなく、ほ脱の意思に出たものと認められる以上、所得秘匿工作に当たるものというべきであり、この

8　最決昭和63・9・2刑集42巻7号975頁

ような**所得秘匿工作を伴う不申告の行為**は、同法238条１項のほ脱罪を構成するものということができる」としています[9]。昭和42年の判例が、「偽りその他不正の行為」を、「税の賦課徴収を不能もしくは著しく困難ならしめるようななんらかの偽計その他の工作を行なうこと」としていたのに対して、平成６年の判例は、「税務当局による所得の把握を困難にさせるもの」としていますので、その判断基準は、より緩やかなものになっているようにも思われます。

このように、「偽りその他不正の行為」の有無は、形式的に積極的行為か消極的行為かで判断されているのではなく、実質的に税の徴収を困難にするような工作が行われたか否かで判断されているということができます。

▶まとめ――【CASE】の解決

まとめとして、以上のことを、最初の【CASE】にあてはめて考えてみましょう。

Ｘは、給与所得とは別に、20万円を超える雑所得を得ていますので、確定申告をする必要があります。しかし、申告期限までに確定申告をしておらず、結果的に、令和５年分の所得税の適切な申告・納付をしていません。

それゆえ、Ｘには、まず、行政制裁として、無申告加算税（国税通則法66条）が課される可能性があります。単なる無申告にとどまらず、その際、事実の隠蔽や仮装があれば、重加算税（同法68条）が課される可能性もあります。

さらに、Ｘの行為に反社会性ないし反道徳性が認められる場合には、それが単なる無申告であれば単純無申告犯（所得税法241

9　最決平成6・9・13刑集48巻6号289頁

条）として、所得秘匿工作を伴わない不申告によって税を免れたのであれば申告書不提出逋脱犯（同法238条３項）として、税の徴収を著しく困難にするような所得秘匿工作を伴う不申告によって税を免れたのであれば逋脱犯（同条１項）として、刑罰が科される可能性もあるといえます。

「いや、さすがにこの程度のことで刑罰までは……」と思われた方も、もしかしたらいらっしゃるかもしれません。しかし、たとえば、些細な万引きでも、それが窃盗罪（刑法235条）という犯罪であることに変わりはなく、それに対して刑罰が科されることだって当然ありうるのです。些細な不正のつもりが、大きなつまづきとなることのないよう、くれぐれも注意したいものです。

〔岡部雅人〕

CHAPTER 15

企業犯罪と制裁

▶制裁の概念と企業活動

「制裁」というと、「罰」のことを思い浮かべる人が多いでしょう。学校の先生が喧嘩をした生徒に反省文を書かせるのはこうした罰の典型です。しかし、企業活動のコントロールを考えるときは、少し視野を広げる必要があります。企業は、普通、良い商品・サービスを提供することで利益をあげようとするもので、意図的に誰かを害することは多くないからです。

この点、社会学では制裁をより広く、「**ある行為に対して他者が行う『良い／悪い』の評価**」と定義しています。そうすると、努力して宿題を仕上げてきた生徒を褒めるのも制裁ということになります。褒められた生徒はこれからも勉強を頑張ろうとするでしょう。生徒が伸び伸びと学習する場をつくることの大切さを思えば、勉強を頑張るように励ますことは、罰を科して生徒の喧嘩を防ぐのと同じくらい重要なことだとわかります。市場のなかで、顧客のために良い製品・サービスを提供しようと頑張っているビジネスパーソンにも似たことがいえます。

それに、評価の対象となる行為は生身の個人のものにかぎられるでしょうか。会社等の組織の「行為」も十分に考えられます。こうしてみると、普通の企業にとっては、市場や社会からの「肯定的評価のとしての『制裁』」の方が重要なのではないかとも思えてきます。

▶企業犯罪と刑罰の問題

しかし、本書でこれまでにみてきたように**企業**が犯罪に絡むとき、誰かが「罰」を受けなければならなくなることもあります。こうした場合、私たちはすぐに刑罰のような強力な罰に頼ろうとしますが、事態は複雑です。

まず、企業が**加害者**になることがあります。これには、①企業自体が加害者とみられる場合（CHAPTER 2 等参照）と、②ビジネスパーソンがその企業で仕事をするなかで犯罪を犯す場合（CHAPTER 8 等参照）があります。逆に、企業も**被害者**になりえます。これにも、③その企業で働いているビジネスパーソンが犯罪を犯して職場の企業に被害を与える場合（CHAPTER 4 等参照）と、④企業の外にいる個人や他企業が犯罪を犯して被害者の企業にダメージを与える場合（CHPTER12等参照）があります。

私たちは、大規模な企業災害などを目にしたとき、「企業こそ悪者だ」と怒りを覚えることがあります。しかし、刑法には**個人責任**の原則があるため、企業自体は直接処罰できません。逆に、詐欺的な取引等で被害を受けた企業が、私たちと同じように怒ることはあるでしょうか。企業にとっては、利益をあげることも大切ですから、さしあたりは、「お金を返してくれれば十分」と考えることも多いでしょう。

このように企業が当事者となる場合、「犯罪には刑罰を科せば済む」とは言い難くなります。さて、法律ではどのような対応ができるでしょうか。

▶民事制裁、行政制裁、刑事制裁

法律上の制裁としては、被害者の受けた損害を金銭的に回復する民事の損害賠償、専門的な知識をもった行政機関が機動的に行う行政処分、最後に刑罰があります。このうち刑罰が制裁にあたることは明らかですが、損害賠償や行政処分も制裁として働きます。それぞれの特徴と企業活動への影響の仕方は以下のようなものです。

▶民事制裁としての損害賠償

悪質商法の被害者は（CHAPTER 5）、まずは「自分のお金を返してほしい」と思うことでしょう。このとき、彼らは、**民法の不法行為**によって、加害者に**損害賠償を**請求することができます（民法709条、715条）。これにはまず、被害者に生じた損害を**金銭的に回復**する働きがあります。お金が戻ってくれば、被害者はそのぶん癒されます。

それに、不法行為による損害賠償のためには、裁判所は「故意または過失」を認定する必要があるので、そのことを通じて**加害者を非難する**側面が出てきます。裁判所が悪質商法の加害者の故意を認定してお金の支払を命じる判決をしてくれたら、被害者の怒りもある程度までは和らぐでしょう。こうした点に、加害者に対する「否定的評価」をみいだして、損害賠償を**民事制裁**として把握することが可能となります。

このような民事制裁は、経済法の秩序を守るためにも利用されています。たとえば、金商法（「金融商品取引法」）における有価証券届出書の虚偽記載（同法21条）や、独禁法（「独占禁止法」）におけるカルテル（同法25条）、特許法における特許権侵害（同法

102条、103条）等では、故意・過失ないし損害額の立証をしやすくすることで、賠償の請求が容易にされています。こうすることで、被害者の救済と同時に**違法行為の抑止**も図られているのです。

このうち特許権等の知的財産の侵害（CHAPTER12）については注目すべき事件も現れていますが、その他の損害賠償請求権はそこまで多くは行使されていないようです。証券取引市場の公正さや自由競争経済秩序が害されたにすぎず具体的な**被害者**がいるといいにくいときは、こうした民事制裁はスムーズには働かないのかもしれません。

それに、加害企業が倒産するなどしてお金をもっていなければ、被害者は賠償を受けられません。反対に、加害者にお金があっても、わが国では懲罰的損害賠償が認められないので[1]、たとえば、損害額の２倍、３倍の金銭を支払わせることはできません。そのため、加害者が損害額を上回る利益を得ているときは、そうした違法行為が止むとは限らないのです。

▶行政処分と行政制裁

そこで、**行政機関の役割**に期待が集まることになります。かつては、必ずしも法律にもとづくことを要しない行政指導によって、企業の保護と産業育成のために、市場への介入が行われていた時代がありました（CHAPTER11参照）。しかし、自由競争が重視される現在では、行政には、市場のルールが守られるようにしっかりと監督をし、場合によっては自ら法の執行にあたることが求められます。このような観点から、ここでは行政処分に注目してみます。

行政処分とは、行政が具体的な法律の根拠に基づいて企業など

1　最判平成９・７・11民集51巻６号2573頁

に対して権利を与え、または、義務を課すもので、企業活動のコントロールのためにも用いられます。行政機関は、経済法の秩序を守るために、金商法に違反した企業の登録を取り消したり、公共事業で談合した企業の営業を停止したりすることがあるのです。こうした行政処分を受けた企業が、一定の期間、仕事をすることができなくなることをみると、企業犯罪の抑止のために行政が大きな役割を果たしていることがわかります。

さらに、行政は、**重加算税**（租税法）や**課徴金**（独禁法など）を課すことがあります。これらは違反行為を抑止するために企業に対して金銭の支払いを命じる行政処分ですが、その金額は違法行為によって得た利益をずいぶん上回るものになりえます。たとえば、課徴金は、原則としてカルテルの実行期間の売り上げの10％をとり上げることとしており（独禁法７条の２）、その額が数十億円に上るときがあります。このことから、これらの行政処分は、「『お上』によるダメ出し」としての**行政制裁**でもあることがわかります。

非難を加えることを直接の目的としていない重加算税や課徴金は制裁でないかのようにいわれることもありますが、これらも立派な制裁です。上のような額の金銭をとり上げること自体が強い「否定的評価」を意味しているからです。いわば、黙って相手をゲンコツで殴るようなものです。

▶行政制裁の特徴

行政制裁はとても「便利」なものです。すでに戦後初期には、申告納税制度を定着させるために租税違反行為に重加算税が課されていましたし、近年では、自由競争を促進するためにカルテルや入札談合に独禁法の課徴金が課されるようにもなりました。

こうした課徴金などは株式会社等の企業にも非常に多く課されています。経済法の秩序を守るという客観的な状況を実現することを目的とする行政制裁は、故意・過失といった主観的な要件を必ずしも必要としません。そのため、行為者を非難するための刑罰とは違って、**人間のような精神をもたない企業自体に直接課すことが可能**となっているのです。

それに、**最も厳格な手続的制約の下にある刑罰よりも迅速に課せるようになってもいます**。カルテル等をみても明らかなように、企業犯罪の多くは、一見すると通常の事業活動のようにみえ、職場のなかでコッソリと行われることも多くあります。証拠隠滅の容易さを考えると、発見・摘発をしたらできるだけ速やかに制裁を科す必要が出てきます。独禁法では、公取委の調査の結果、課徴金を課す必要が認められれば、まず納付命令によってお金をとり上げてしまい、これに不服のある者は後から裁判所に対して救済を申し立てることになっています。こうして、企業がうかうかとカルテルなどすることができなくなっているのです。

以上のように、行政制裁は、企業犯罪を抑止するための有効な手段となっています。

▶行政の裁量権

しかし、こうした行政制裁には注意すべき点があります。まず裁量権の問題があります。

人と資源が限られているので、行政機関は、企業の違法行為のすべてには対処できません。その反面、いかなる違法行為を摘発するか、そして、これに対してどのような措置をとるかを決める**広い裁量権**をもつことになります。「どの」所得の申告漏れを摘発するか、「あの」カルテルに「それを止めてきちんと競争しなさい」と命じて（排除措置命令）、課徴金を課すか、すべて税務署や公取委の判断にかかっています。

ときとしてグレーな活動もしなければならない企業とって、こうした裁量にもとづいた機動的な行政制裁は大きな脅威になりえます。しかし、このとき彼らが従わざるをえなくなるのは「法」だといえるでしょうか。むしろ行政機関がもっている「権力」という方が適切かもしれません。だとすると、そのぶん**法の公正さに対する信頼は傷つく**ことになります。企業の間に「なぜ自分だけが」という思いが広がることは良いことではありません。

同じくらいの重さの違法行為は等しく扱ったうえ、これらに課す不利益も必要最小限にするという**平等原則と比例原則**に従った裁量権の行使が望まれます。

▶行政制裁をしたたかに活用する制度

また、行政制裁の制度設計の仕方にも問題がないわけではありません。

独禁法には、カルテルに参加した企業が公取委に対して自ら申告し、調査に協力したときは、申請順位と事案の真相解明に役立った程度に応じて課徴金が減額または免除される制度があります（**リニエンシー制度**〔独禁法７条の４以下〕）。申請順位が第１位の企業は課徴金が全額免除されますし、さらにこの制度を実効的なものにしたいという公取委の意向もあって、刑事告発まで免れることができます（それ以外の企業も、公取委の調査開始前の場合についてみると、２位は最大で60％、３位も最大で50％、４位以下も課徴金の減額を受けられます）。こうすることで、カルテルの発覚を容易にするとともに、「誰かが公取委に申告するかもしれない」という疑惑をもたせて企業が安易に手を染めることがないようにしているのです。摘発が望まれるカルテルであるほど発見が難しいとされているので、こうした制度を導入すること自体は認めるべきです。

もちろん、カルテルの申告をする企業にも、自主的に違法行為をなくしていこうとする意思があることは否定できません。しかし、基本的には、「少しでも得をしたい」という気持ちで動くものです。真っ先に申告をするが、課徴金は全額払うし、刑罰も受けて構わないという企業はないでしょう。こうした企業の**損得勘定**を強く刺激しすぎると、**あるべき法令順守とのズレも出てきます**（カルテルを主導していた企業が、一番に減免申請する場面を想像してください）。

以上のような、したたかともいえる行政制裁の活用にも、どこかに限界があるとすると、最後には、いちばん強烈なダメ出し、すなわち刑罰が控えていなければならないことになります。

▶没収と追徴

刑罰には、拘禁刑や罰金刑など単独で科すことのできる**主刑**のほかに、**没収**という主刑に併せてしか科すことのできない**付加刑**というものがあります（刑法９条）。没収は、企業犯罪の分野でもずいぶん役立てられていますが、その性質はこれまでみてきた行政処分に近いという指摘もあります。まずこれについてみてみましょう。

犯人らから物をとり上げる**没収**には、経済刑法等で特別に定められたものも含めていろいろなものがありますが、ここでは**犯罪に基づく不当な利得を犯人に残さないようにする**ものが重要です（刑法19条１項３号・４号参照）。インサイダー取引（CHAPTER10）の場合、犯人が手に入れた株式等は、**必要的没収**の対象であって必ず取り上げられることとされています。もっとも、犯人は、そうした株式を売却するものですから、普通、手元にはお金しかないでしょう。そこで、こうしたお金をとり上げるために、株式の価格の**追徴**が行われることになります（以上、金商法198条の２。なお、刑法19条の２も参照）。

この追徴は、インサイダー取引によって手に入れた株式等を売却した代金に見合うお金をぜんぶとり上げるものです。犯人が500万円で手に入れた株を1000万円で売った場合も、追徴額は1000万円になります。犯人は儲けたお金以上の追徴をうけることになるので犯罪の抑止効果は高められます。もっとも、罰金と追徴額の合計が、**罪刑の均衡**を欠くほどに大きなものにならないような配慮も必要です（金商法198条の２第１項ただし書参照）。

▶刑事制裁の特徴

それでは、主刑としての刑罰をみていきます。CHAPTER１でみたように、刑罰（＝刑事制裁）は、犯人に対して**「社会の大きな怒りが根底にある叱責」をすることで「強烈なダメ出し」をする**ものです。この点で、刑罰は、民事制裁や行政制裁よりも**重い**ものとされています。他の制裁では対処できない重大な違法行為にしか科すことのできない「**最後の手段**」とさえいわれています。企業犯罪で重要な役割を果たしている罰金刑も、お金をとり上げるだけのものですが、このことに変わりありません。

とはいえ、刑罰がなぜそうした性質をもっているのかよくわからないところもあります。このことを考えるために、ひとまず刑罰を離れて「ドラえもん」という漫画をみてみましょう。

母親などから怒られてばかりの小学生の主人公は、ヒロインの同級生からも「嫌い」と叱られ平手打ちまでされることがあります。この時も、「相変わらずダメな奴だ」と受け流しそうになりますが、よく読むとヒロインから叱られるのは、テストで0点をとったときなどではなく、他人を傷つけたり、大事な約束を破ったりといった「人としての間違い」をしたときであることに気付きます。**この「人としての間違い」と「ヒロインからの叱責」はペアであってどちらか一つでも欠けてはいけません**。テストで0点をとった主人公に「嫌い」というような人間味の無いヒロインには引いてしまいます。反対に、大事な約束を破ってしまったとき、母親からガミガミいわれるだけでは、それは「人としての間違い」なのだという社会的な事実が揺らぐことになります。

刑罰の場合、事態はずっと深刻ですが、本質は同じだと思われます。**刑罰の激情的な反応**は、他人の生命・身体や財産等の侵害という「**人として本当に許されないこと**」とペアであって、片方だけを切り離すことはできません。これを刑罰の側から眺めると、犯罪は「人として本当に許されないこと」だからこそ、社会からの「激しい怒り」が**倫理的な法則**を介して結び付けられるのだと表現できます。刑法学では伝統的に「**刑罰は道義的な非難を伝えるものである**」とされています。こうした点に、他の制裁とは違った刑罰の重さがあります。

▶「法定犯」は犯罪か――企業は犯罪を犯すことができるか

しかし、このことは、刑罰には「人として本当に許されないこと」としかペアになれないという限界があることも意味しています。

インサイダー取引やカルテルを思い出してください。これらが「悪いことではない」と考えられていた時代がありました。現在では刑罰も科されるようになりましたが、殺人や窃盗など「それ自体が悪である」という典型的な犯罪（**自然犯**）と違って、「法律によって禁止されているから従うしかない」という部分もまだあります。企業犯罪のなかにはこうした「グレーな」犯罪（**法定犯**）が多くありますが、これらに刑罰を科すべきでしょうか。

20世紀のはじめに「行政刑法の父」として活躍したドイツのジェームス・ゴルトシュミットは、「いくつかの生物について植物であるか動物であるかわからないからといって、だれも植物と動物の違いを否定しないだろう」という言葉を残しています。法定犯がグレーだとしても、そのなかの「人として本当に許されない」という要素が消えるわけではありません。インサイダー取引やカルテルなどの法定犯の場合も、具体的な事案を観察して、汚いやり方で投資家や消費者に多大な迷惑をかけるなどして「本当に許されない」という性格が濃厚だと判断されるときには刑罰を科すべきです（CHAPTER11参照）。

また、「人として本当に許されないこと」をした者に激情的な反応としての刑罰を科すことは、**社会的なコミュニケーション**でもあるため、**それが可能な生身の個人にしか行うことができない**という考え方が出てきます。わが国の刑法も、基本的にはこのような考え方にたって、企業に対しては、従業員など個人の犯罪を前提として、その選任・監督を怠った過失に基づいて刑罰を科すこととしています（**両罰規定**）。

このやり方では、企業犯罪を十分に抑止することができるか疑問も生じます。そこで、両罰規定をたとえば人の死傷をともなう業務上過失致死傷罪にまで広げるべきだという主張等に注目が集まることにもなります。さらに、企業を直接処罰すべきとする理論もありますが、刑罰という激情的な反応を向けても企業自体は生身の個人のようには罪の意識を自覚できないでしょう（以上、

CHAPTER 2、13も参照)。

刑罰は、企業犯罪を抑止するために自由自在に用いることのできる道具ではないということを忘れるべきでないと思われます。

▶二重処罰

以上のように、民事制裁、行政制裁、そして刑事制裁はどれも完璧ではないため、企業犯罪には**法秩序全体**で対処するしかないと思われます。ただ、そのとき、一つの問題があることに気が付きます。

実は、刑罰と行政制裁の両方が規定されている租税犯罪やカルテル等には、これらを同時に科すことができるのです。これを**二重処罰**といいます。いくら悪いことをしたとはいえ、同じ犯罪を理由に何度も痛い目に会うことを素直に受け入れられる人はいないでしょう。こうした二重処罰は、何人も「重ねて刑事責任を」問われることがないとする**憲法39条後段に反するのではないか**という疑問もあります。ところが**判例**は、刑罰は犯罪を犯した者を道義的に非難するものであるのに対し、行政制裁は経済的な不利益を与えることで将来の違法行為を抑止するためのものなので、両者はその趣旨・目的を異にしており併科は**合憲**としています[2]。

しかし、一般の人びとは、企業が処罰されたことを目にするたびに「また『犯罪』をやったな」と受け取ることでしょう。こうして、企業は処罰されるごとにイメージダウンなども含めた深刻な打撃を受けることになります。

それに、刑罰はたんに道義的な非難を伝えるだけでなく、違法行為の抑止も行っていることは明らかです。独禁法の7条の7も、罰金と課徴金が同時に科される場合には課徴金から罰金の半額を

2 最大判昭和33・4・30民集12巻6号938頁

差し引くとしています。しかし、こうした場合の制裁を一本化するまでには至っていません。

▶コンプライアンス・プログラム

このように、法秩序全体の対応も問題を抱えています。しかしその一方で、ここ20年ほどで、「**肯定的な評価としての制裁**」が発展してきたことが注目されます。これは、**責任者と手続を備えたコンプライアンス・プログラム**を実践している企業に対して**肯定的な評価**を与え、**自律的に犯罪を避けるよう促す**ものです。

もちろん、**株主代表訴訟**（会社法847条以下）を通じて、企業犯罪による罰金等の支払いで会社に生じた損害を役員等に賠償させることなどが、コンプライアンス・プログラムを整備させる圧力になってもいます。しかし、そうした賠償のリスクを避けるために、法令順守のための**社内教育**などが普及すれば、従業員が犯罪を犯すことも少なくなり、企業自体が加害者にも被害者にもならずに済むようになります。従業員がＥラーニングで企業秘密や個人情報の扱い方を学んでいれば、秘密の漏洩や不正アクセス（CHAPTER３、４参照）も起きにくくなることでしょう。

それだけでなく、現在では、コンプライアンス・プログラムが、**ESG**や**SDGs**との関連を深めていることも注目されます。もちろん、たとえば企業が皆で環境負荷を軽くするために高価格の電気自動車だけを製造・販売することにしたら、当然、独禁法の問題を生じさせることになります。しかし、立法や行政がこうした齟齬を埋める努力を続けていけば、コンプライアンス・プログラムは、企業犯罪にともなうリスクを避けながら**企業価値を長期的に高めていく**ための土台となりえます。企業が、この土台上でよりひろく地域社会や地球環境に貢献していくことも可能になるのではないでしょうか。**経済の持続可能な発展**が強調されるなか、そうした貢献をしている企業に富とレピュテーションが集まるようになれば、コンプライアンス・プログラムももっと積極的に実践されるようになることでしょう。そのときには、ビジネスパーソンも、「企業犯罪に手を染めないのは当然」という意識をもつかもしれません。

もちろん、犯罪が起きない社会などありえません。企業犯罪もゼロになることはないでしょう。ただ、未来を前向きに考えていくなら、わが国でも、**しっかりとしたコンプライアンス・プログラムを実践していた企業の場合は、犯罪を犯したとしても量刑が軽くなる**という扱いをすべきではないでしょうか。理想論かもしれませんが、企業とは、本質的には、良質な商品・サービス、それに確かな働き口を私たちに与えてくれる、犯罪とは無縁な存在だといえるような社会を実現したいものです。

〔辻本淳史〕

事項索引

さ　行

た 行

な 行

は 行

ま 行

や 行

ら 行

わ 行

基本学習　企業犯罪と経済刑法

2023年11月20日　初版第1刷発行

編著者　松澤　伸

発行者　石川雅規

発行所　株式会社 商事法務
〒103-0027 東京都中央区日本橋3-6-2
TEL 03-6262-6756・FAX 03-6262-6804〔営業〕
TEL 03-6262-6769〔編集〕
https://www.shojihomu.co.jp/

落丁・乱丁本はお取り替えいたします。　印刷／そうめいコミュニケーションプリンティング

Printed in Japan

Shojihomu Co., Ltd.
ISBN978-4-7857-3057-4
＊定価はカバーに表示してあります。